城市社区公共服务设施区位研究

徐艺文·著

中国矿业大学出版社
·徐州·

图书在版编目(CIP)数据

城市社区公共服务设施区位研究 / 徐艺文著. —徐州：中国矿业大学出版社，2023.9
　ISBN 978-7-5646-5989-9

Ⅰ. ①城… Ⅱ. ①徐… Ⅲ. ①城市—社区服务—研究—中国 Ⅳ. ①D669.3

中国国家版本馆 CIP 数据核字(2023)第 191527 号

书　　名	城市社区公共服务设施区位研究
	Chengshi Shequ Gonggong Fuwu Sheshi Quwei Yanjiu
著　　者	徐艺文
责任编辑	姜　翠
出版发行	中国矿业大学出版社有限责任公司
	（江苏省徐州市解放南路　邮编 221008）
营销热线	（0516）83885370　83884103
出版服务	（0516）83995789　83884920
网　　址	http://www.cumtp.com　E-mail：cumtpvip@cumtp.com
印　　刷	苏州市古得堡数码印刷有限公司
开　　本	710 mm×1000 mm　1/16　印张 13.25　字数 231 千字
版次印次	2023 年 9 月第 1 版　2023 年 9 月第 1 次印刷
定　　价	58.00 元

（图书出现印装质量问题，本社负责调换）

前言 / Preface

社区是城市公共服务和城市治理的基本单元,实施城市社区公共服务设施建设工程,在城市社区公共空间嵌入功能性设施和适配性服务,有利于推动优质普惠的公共服务下基层、进社区,更好地满足人民群众对美好生活的向往。随着公共服务体系化研究与建设的深入开展,城市社区公共服务设施的数量与规模在广覆盖、均等化等方面取得了显著成效。

目前,针对社区公共服务的研究仍较多地从政策体制和公共财政角度出发,缺乏从社区生活圈空间与居民使用行为角度进行评价与分析,公共服务难以在社区中得到全面落实。"千人指标"的配置标准在社区公共服务设施的布局过程中仅作为规划的目标与口号,难以实现可持续发展。供给主客体关系模糊性、科学评价标准缺失性等问题导致社区公共服务设施布局出现"非均等,错匹配"的现象,不仅影响了社区公共服务的质量与效率，也不利于人民群众在社区生活中获得幸福感、获得感和安全感。

本书以社区公共服务设施的区位评价为核心，以公平与效率、供给主客体为视角，探讨社区公共服务设施的理论体系、评价模型以及实证应用三大内容。在研究方法上，本书借助地理信息系统软件（ArcGIS）、统计分析软件（SPSS）以及空间句法分析软件（Depthmap）等数据处理平台，运用了空间可达性、感知可达性、空间自相关、空间句法等空间分析方法以及因子分析、回归分析、相关性分析等数据处理方法。

本书通过建构城市社区公共服务设施区位评价体系，将主客体相协调作为研究导向，以"人"为中心，以公平与效率作为评价标准，实现在宏观与微观两个层面上对城市社区公共服务设施区位布局的评价研究，并以徐州市鼓楼区社区公共服务设施为研究对象，进行实证分析。本书厘清了国内外研究进展及相关理论，界定了社区公共服务设施的概念与分类，明确区位研究的空间对象和范围；基于社区生活圈的内在逻辑原理，梳理出社区公共服务设施主客体对区位布局的主要影响因素；基于公平与效率的价值取向，建立社区公共服务设施区位评价体系。本书结合案例，在宏观层面上，运用两步移动搜索法空间可达性模型，定量评价城市社区公共服务设施的空间配置公平性，发现城市社区公共服务设施空间公平性的分布特征；在微观层面上，通过居民的感知可达性维度确认与各影响因素相关性分析，明确重要影响因素在城市社区公共服务设施服务效率评价中的作用特征。在实证研究的基础上，本书提出包含空间公平性自相关关系、空间环境需求以及居民行为偏好在内的城市社区公共服务设施空间发展的四种模式；基于协调度分析原理构建城市社区公共服务设施空间测度模型，借助熵值法与空间句法实现对城市社区公共服务功能与街道空间活力耦合协调性的评价，进一步为城市社区公共服务设施区位布局提供科学的优化策略。

本书共有8章,第1章为绪论,在梳理社区公共服务设施研究的迫切性与必要性的基础上明确了本书的研究目的与研究意义,并进一步从社区公共服务设施的概念出发,基于与生活活动相关、提供纯公共服务、满足发展水平需求和财政支持可持续的四个原则,界定了社区公共服务设施的种类与级别;同时,结合社区公共服务设施的属性特征,明确本书社区公共服务设施区位研究的对象与空间范围。

第2章从城市社会地理学理论研究出发,指出社区中的居民活动与空间的关系是本书研究的主要范围。城市的重要意义是通过城市中的人与城市空间的互动关系以及联系体现出来的。如何才能使城市空间结构具有更加人性化的特点?人与城市空间两者之间互动关系的基础是什么?这些都是城市社会地理学体系研究的重点。本章针对社区公共服务设施区位研究设计的相关理论、原则和方法进行了小结,总结了理论研究的核心问题与未来研究的突破点;基于社区公共服务设施的公共性,结合公共产品供求均衡理论的两个要点(消费者的需求和消费者偏好的影响),认为社区公共服务设施要达到最优供给,在充分考虑社区公共服务设施的数量和位置之外,还必须充分考虑周边社区居民的需求和经济能力。

第3章结合前文对社区公共服务设施发展现状的梳理以及理论研究的总结,基于理论研究中所提出的突破点和区位评价理论,遵循社区生活圈的内在逻辑,以"供—需—行"平衡为出发点,进一步梳理了社区公共服务设施的供给主体、使用主体、供给客体以及区位环境在社区公共服务设施区位布局中的影响因素。供给主体因素主要包括政府的价值观、供给模式和供给能力;使用主体因素主要包括居民需求因素和居民属性因素;供给客体因素主要包括社区公共服务设施的规模因素和集聚因素;区位环境因素主要包括政策法规因素、可达性因素和城市空间环境因素。这些因素共同影响着社区公共服务设施的区位布局。

第4章基于公平与效率的价值取向构建城市社区公共服务设施

区位评价体系框架,以可操作性、多元主体相协调以及满意度导向为评价的基本原则,从供给主体与使用主体视角明确公平与效率价值取向,设计城市社区公共服务设施区位评价体系。该评价体系包括城市社区公共服务设施的空间区位公平与公共服务效率。首先,将距离衰减作用和各类社区公共服务设施的居民需求指数考虑到可透视模型中,这样改进的两步移动搜索法模型作为社区公共服务设施空间公平性评价模型,以居民点可达性等级、服务人口比、服务覆盖率作为评价指标。其次,基于公平性评价结果,运用空间自相关模型解释城市社区公共服务设施空间的区域公平,提炼出研究区域社区公共服务特征的四种空间类型:成熟型、过渡型、滞后型和失衡型。最后,选取空间环境感知与行为感知作为感知可达性评价影响因子选取维度,设计评价量表,运用探索性因子分析法与验证性因子分析法对问卷调研数据进行分析,明晰城市居民对社区公共服务设施的实际使用需求与行为偏好。

  第 5 章利用前文对城市居民感知可达性研究的调查问卷所获取的数据,基于数理统计方法研究居民对社区公共服务设施感知可达性的空间环境感知维度、行为感知维度以及影响因子间的相互关系,解决如何从居民的主观感知角度进行社区公共服务设施的感知可达性评价。首先,对问卷数据与居民在社区公共服务设施空间中的活动基本特征进行描述;其次,利用相关性分析与回归分析来评判感知可达性评价中的影响因子并探知各影响因子彼此间存在的关联,从中确定出对评价影响最为突出的因子;最后,通过差异分析,了解具有不同属性特征的居民对社区公共服务设施需求及行为偏好的差异。影响因子相关性分析结果表明,社区公共服务设施空间的视觉感知因子对居民推荐行为的影响最为突出;社区公共服务设施空间的心理感知因子对居民参与行为的影响效应最为突出;居民对社区公共服务设施空间满意度与行为偏好维度中的各因子均有显著的正相关关系,而且这种关系相对较为紧密。

第6章以徐州市鼓楼区作为研究对象进行实证分析。首先,运用空间分析模型对鼓楼区社区公共服务设施空间配置的公平性展开研究,分析了鼓楼区的社区公共服务设施空间结构特征与公平性差异以及供给的弱势区识别,划分了社区公共服务设施可达性的空间格局与社区公共服务设施空间类型;其次,选取具有代表性的典型社区,将用户主体视角下社区公共服务设施感知评价结果与社区公共服务设施客观量化结果进行对比,感知可达性影响因素得到具体体现,从微观层面展开对社区公共服务设施服务水平的深入分析,探讨居民对社区公共服务设施的需求特征;最后,在对鼓楼区社区公共服务设施进行区位评价分析的基础上,提出了城市社区公共服务设施布局存在的问题,形成了从理论评价框架到技术路线的完整研究范式。本章基于两步移动搜索法建立了公平性评价模型,选取居民点可达性等级、服务人口比、服务覆盖率作为公平性评价指标,模拟计算中的搜索半径阈值,将搜索半径阈值设定为 2 000 m(步行时间约 20 min),显示各居民点到达社区公共服务设施点间的距离可达性分布均匀,社区公共服务设施点的服务覆盖能力达到最佳。伴随城市空间的动态发展,城市的核心区内供需矛盾突出,城市内缘区成为社区公共服务设施布局的重点。社区公共服务设施的低可达性片区与服务盲区大多集聚分布在城市核心区,并在内缘区内零散分布。城市外缘区的社区公共服务设施可达性分布较为均等,内缘区将会成为疏导核心区向外缘区延续扩张的重要布局节点。此外,本章基于问卷数据统计,将感知可达性影响因子运用到社区公共服务设施空间服务水平评价的实证研究中。研究结果表明:社区公共服务设施空间到达的畅通性和便捷性等因子在感知可达性评价中起着基础性影响作用;社区公共服务设施空间的环境品质、获取过程中道路步行舒适度、环境安全性、空间场所的归属感、空间的开放性等因子的不足会大幅度降低居民的感知可达性评价。

第7章结合实证案例分析,首先,对不同的社区公共服务设施空间发展模式进行总结并归纳为四类：成熟发展型社区、失衡滞后型社区、转型融合型社区以及加强过渡型社区。其次，在"存量"发展的背景下，提出基于改进协调度模型的社区公共服务设施的空间测度研究，利用空间句法分析城市街道空间可达性特征，使用熵值法探讨其与社区公共服务设施空间的耦合性，实现对社区公共服务设施区位测度的研究。研究结果表明，人口密度、空间集成度是社区公共服务功能水平与街道空间水平综合评价的重要评价指标。因此，提高人口聚集能力以及街道空间可达性是推进社区公共服务设施空间发展的关键。在此基础上，本书从深化区位规划认识、加强区位规划质量、完善社区公共服务设施供给体系、优化社区公共服务设施监督体系、提高社区公共服务设施建设效率等5个方面建立社区公共服务设施区位公平与效率实施构建路径。

第8章给出了本书的主要结论，并对本书研究的不足与有待进一步解决的问题进行了梳理，提出了下一步的研究展望。

本书获徐州工程学院学术著作资助出版，在此深表感谢。由于城市社区公共服务设施区位研究富有创新性，且著者的能力和水平有限，书中研究难免存在纰漏，在此恳请学界、业界专家批评指正。

徐艺文
2023年3月

目录 / Contents

前　言 ·· 1

第1章　绪　论 ··· 1
1.1　研究背景 ··· 2
1.2　研究目的 ··· 5
1.3　研究意义 ··· 5
1.4　社区公共服务设施的概念与内涵 ······································· 6
1.5　研究内容、方法及框架 ·· 10

第2章　社区公共服务相关理论研究述评 ································· 15
2.1　相关基础理论 ·· 16
2.2　相关理论研究进展 ··· 24

第3章　社区公共服务设施区位影响因素分析 ························· 37
3.1　基于社区生活圈的公共服务设施区位研究 ······················· 38
3.2　社区公共服务设施的主客体研究 ······································ 41
3.3　社区公共服务设施区位影响因素研究 ······························· 42

第4章 社区公共服务设施区位评价体系与模型 ·········· 51
4.1 社区公共服务设施区位评价体系框架 ·········· 52
4.2 空间公平性评价模型 ·········· 55
4.3 空间自相关模型 ·········· 58
4.4 基于居民感知可达性问卷评价 ·········· 61

第5章 社区公共服务设施感知可达性影响因子统计分析 ·········· 64
5.1 社区公共服务设施空间活动基本特征 ·········· 65
5.2 影响因子整理与分析 ·········· 70
5.3 影响因子相关性分析 ·········· 77
5.4 影响因子回归分析 ·········· 81
5.5 影响因子方差分析 ·········· 84

第6章 社区公共服务设施区位评价模型应用 ·········· 88
6.1 研究区域概况 ·········· 89
6.2 社区公共服务设施空间配置公平评价 ·········· 95
6.3 社区公共服务设施空间服务水平评价 ·········· 121

第7章 社区公共服务设施区位综合评价与优化策略 ·········· 149
7.1 社区公共服务设施区位综合评价 ·········· 150
7.2 基于改进协调度的社区公共服务设施空间测度研究 ·········· 153
7.3 社区公共服务设施区位公平与效率的构建路径 ·········· 166
7.4 社区公共服务设施布局优化策略 ·········· 173

第8章 结语 ·········· 177
8.1 研究结论 ·········· 178
8.2 研究不足与展望 ·········· 180

参考文献 ·········· 182

附录 ·········· 190

后记 ·········· 198

Chapter 1 / 第 1 章

绪　论

　　首先，在梳理社区公共服务设施研究的迫切性与必要性的基础上，明确了研究目的与研究意义；其次，从社区公共服务设施的概念出发，基于四个原则，界定了社区公共服务设施的种类与级别；最后，结合社区公共服务设施的属性特征，明确了社区公共服务设施区位研究的对象、空间范围和体系框架。

1.1 研究背景

1.1.1 城市公共服务高质量发展与居民生活需求的变化

党中央、国务院高度重视城市发展工作，习近平总书记曾多次强调"要更好推进以人为核心的城镇化，使城市更健康、更安全、更宜居，成为人民群众高品质生活空间"。党的二十大在深刻把握城市发展的基础上，明确提出："坚持人民城市人民建、人民城市为人民"的理念，并要求"打造宜居、韧性、智慧城市"。提升城市公共服务承载能力是落实新时代新阶段党中央关于城市部署的重要工作，也是适应新时代城市发展的现实需要。

人民群众的需求牵引着城市社区公共服务的方向，当前人民群众的需求已经从基本生存性需求转向对品质化美好生活的需求，呈现出优质化、人性化和个性化的新特点。《2023影响中国人居生活方式趋势报告》提到，环境的变化会重塑人们的生活方式和价值观，在后疫情时代的背景下，居家生活增多，对美好居住环境的追求更加明显，刺激了消费者对当下居住生活环境的改造升级需求。居民开始重新审视自己的各种需求，及时需求、精神体验需求、安全需求、健康需求增长显著，同时也更加关注公共服务的附加值，比如质量佳、功能覆盖广、可持续性使用、具有一定的审美价值等。

国家发展和改革委员会在《2022年新型城镇化和城乡融合发展重点任务》中指出，要不断推进城镇基本公共服务均等化，加快新型城市建设，有序推进城市更新，健全便民服务设施。以往各种学科理论对城市的研究多是从理性角度对城市的结构性和规律性进行解释，没有深入城市空间的内涵去认识和理解城市。居民的日常生活作为直接反映城市内涵的素材，可以从自下而上的视角来认识城市空间，真正回归城市空间的生活本质。居民日常活动的基本单元是居民社区，它是反映城市空间生活、城市修补举措实施的最基本单元，直接影响着社区居民的生活方式与生活质量。对居民生活空间、生活环境以及公共服务设施的完善应是城市修补的首要内容。近年来，城市发展强调以人为本，通过调整城市空间和社会空间的内涵发展来满足人民群众日益增长的物质需求，通过改善社区公共服务设施，以有效缓解当前的社会矛盾。

1.1.2 城市存量空间的发展与传统社区规划的局限性

城市更新已成为现代化城市飞速发展过程中的一项重要议题。针对老城区现存的空间环境破坏、秩序失调、文化破坏等问题,城市规划建设管理工作应加强老城区空间的有序修补与有机更新以及物质空间与非物质空间相互协调更新,促使老城区不断适应城镇化的快速发展。但是,老城区空间发展与更新仍面临着很多挑战。一方面,城市将空间发展重点转移到新区建造,老城区处于长期滞后发展状态,空间功能不足与居民日益增长的需求成为老城区空间发展的主要矛盾;另一方面,因老城区改造经验不足及政策体制不健全,大拆大建成为更新老城区空间的主要改造手段,这严重破坏了老城区整体的特色面貌与生态环境。在此背景之下,城市形态被改变,传统社区早期规划中的弊端逐渐显现。

2023年《政府工作报告》提到,切实保障和改善民生,提升公共服务水平,推进基本公共服务均等化,在发展中不断增进民生福祉仍是目前工作的主要任务。我国现有的城市空间规划已经无法满足社区中不同年龄、阶层结构居民的发展诉求,也无法满足目前城市空间的转型。一方面,过去"千人指标"的社区规划和建设体系存在的合理性在于社区中居民的需求诉求没有明显的差异。但是,随着居民生活水平的提高以及居民层级的逐渐分化,社区中居民差异化的生活诉求不能通过"千人指标"的建设体系得以满足。另一方面,不同类型社区更新不能通过现有的社区规划体系与配置规范进行指导,所以不同类型社区在更新改善现有的问题时,需要新的社区规划方法和体系来指导。

在社区逐渐呈现出多元化需求和异质化的情况下,之前以物质形态建设及更新完善为导向的城市空间规划体系已经无法满足当下社区规划的要求,现在的社区规划需要以人为本,满足不同类型个体居民的生活诉求,更加趋向于全面的内涵式城市规划。从社区个体、空间等基本要素出发,努力以居民生活空间为导向,尽可能满足城市居民对生活空间及居住体系的诉求。

1.1.3 居民需求的多元化与政府公共服务供给的使命要求

居民的物质需求和精神需求随着社会经济的快速发展和居民生活水

平的提高而不断丰富起来，与此同时也促进了居民生活方式的改变。居民需求不仅从过去基本的物质生活保障向多元化休闲娱乐、教育提升及多元化消费等精神需求方面发生转变，而且不同年龄、阶层结构居民的多元化，直接导致他们对社区公共服务设施需求的多元化。例如，城市住宅的道路设计，大大降低了菜市场、超市以及社区医疗等社区公共服务设施的可达便利度，直接影响着居民的生活质量。所以，合理的城市空间结构设计和规划是提升居民生活水平的基础，其在提高社区公共服务设施服务水平、促进邻里相互交往、发展地域文化、展示城市风貌等方面起着较大的作用。

政府作为公共服务的供给者，其职能从过去的"以经济建设为中心"到现在的"以构建社会主义和谐社会为战略目标"，已经从"经济建设型"朝着"公共服务型"转变，这是可持续发展、构建和谐绿色社会的必经之路和发展方向，也是个人、社会乃至全人类的生活诉求和要求。在社区公共服务设施建设方面，居民公平享有社区公共服务是居民公平参与社会生活的体现，也是政府保证居民公共服务公平的重要手段和途径。过去，政府在社区公共设施建设方面主要考虑数量上的平均分配，对空间分布的差异性和居民特性的差异考虑不周。因此，增加对社区公共服务设施空间分布差异性的考虑，是保证不同特性居民公平使用社区公共服务设施的条件，也是政府实现公共服务型政府转型的要求。

社区是城市的最小单元，政府实现公共服务型转型，构建和谐社会的目标首先要从建设和谐社区开始，需要从城市居民社区服务的规划与建设开始。2006年，国务院发布的关于改进和建设城市社区服务的相关文件指出，社区全体居民多元化物质和精神需求需要通过社区服务来得到满足，社区服务体系应与社会主义市场经济体制相协调。2016年，国务院在关于城市规划建设的相关文件中指出，以新建住宅小区不再全盘封闭为原则，实现未来城市的整合规划以及土地利用规划一体化，街区制度将成为中国城市发展的主流，要逐渐对已建成的封闭式小区进行开放式规划。政府建设和谐社区的重点在于将社区公共服务回归街区，促进城市社区和谐发展。

1.2 研究目的

本书的研究目的是讨论如何实现城市社区公共服务设施区位的评价，以及构建达到该目的的区位评价框架。研究目的可具体分解为对以下三个问题的解答。

(1) 如何认知社区公共服务设施区位影响因素。认知社区公共服务设施区位影响因素是构建区位评价理论及方法的基础。本书基于在社区生活圈中所发生的"供—需—行"关系解构社区公共服务设施空间，识别影响社区公共服务设施区位的主体因素与客体因素。

(2) 如何构建社区公共服务设施区位评价体系框架。本书确定以用户主体、供给主体与设施客体相协调为研究导向，以人为中心，以公平与效率为评价标准的社区公共服务设施区位评价研究框架。

(3) 如何从居民的主观感知角度来改善社区公共服务设施空间的服务水平。即，如何让居民感知到更多可到达的社区公共服务设施空间。本书将社区公共服务设施空间的感知可达性维度划分为空间环境感知维度和行为感知维度，并对这两个维度下的影响因素进行相关性分析，利用重要影响因素的作用特征进一步对社区公共服务设施的空间服务水平进行评价。

1.3 研究意义

本书基于主客体视角对公平与效率的价值取向，对社区公共服务设施的区位评价进行研究，具有理论和实践两个层面的意义。

1.3.1 理论意义

城市社区公共服务设施区位布局是城市公共服务体系优化的重要内容。本书以公平与效率为导向，发现城市社区公共服务设施空间的分布特征与公平性差异，从以人为本的微观视角探讨居民感知可达性影响因子在社区公共服务设施空间的具体表现特征，对低服务水平的社区公共服务设施空间深入探究，故本书在研究思想、研究观点及研究方法上有所创新。同时，本书所形成的研究范式可为其他城市社区公共服务设施的区位评价与布局优化提供借鉴与参考,对于深入研究如何将存量社区公共服务设施空间资源转向满足居民需求的品质提升具有一定的理论意义。

1.3.2 实践意义

本书建立了公平与效率兼顾的社区公共服务设施区位评价体系,为实现城市社区公共服务设施合理配置、优化城市社区公共服务设施空间开发与利用、制定合理的城市社区规划提供了重要的技术支持和决策支持。本书给出的相关建议有利于促进居民积极参与更加健康与美好的社会交往活动,增强城市与社区空间活力,提高城市社区资源的利用率。本书的研究成果对我国城市社区公共服务设施空间优化布局与建设管理有一定的借鉴意义和参考价值。

1.4 社区公共服务设施的概念与内涵

1.4.1 社区公共服务设施概念界定

1.4.1.1 概念界定原则

基础性、可获得性、非歧视性和普惠性是公共服务的判断依据。公共服务是人类生存和发展的基础,这是基础性;可获得性是指公共服务是不分时间地点以及接受群体的;非歧视性是指所有居民都可以享受到相同质量的服务,不因接受群体不同而有所改变;普惠性是指公共服务应该具有大多数人能够接受的价格,公民所得到的公共服务质量不会因为所处的区域不同、社会阶层不同以及个人财富多少而不同。

本书从社区公共服务设施的服务内容和供给入手,对社区公共服务设施的界定原则如下:与生活活动相关、提供纯公共服务、满足发展水平需求和财政支持可持续的原则。

1. 与生活活动相关原则

该原则对社区公共服务设施提出了基本要求,即不提供直接与社会生产活动相关公共服务的设施。社区公共服务设施设立的目的是满足居民的发展需求,因此仅与居民生活活动直接相关的设施属于社区公共服务设施。

2. 提供纯公共服务原则

社区公共服务设施是指在规划、建设、运营和维护的各阶段均不以营利为目的的公共服务设施。应居民生存和发展需求而提供的社区公共服务设施，主要是为了维护社区稳定运行，社区公共服务设施的公共福利特性也由此而决定。所以，社区公共服务设施的提供者必须是非营利组织，并且必须是持续稳定的免费提供者。因此，社区公共服务设施的服务范围比较有限。

3. 满足发展水平需求原则

社区公共服务设施应是符合居民需求层次的公共服务设施。需求层次是指居民在一定的社会经济条件下，在满足了最基本的生活和安全需求后，想要进一步获得社交、尊重等层次需求。大量而持续的资金才能保证在全社会范围提供社区公共服务，因此，为了保证可持续性运作社区公共服务设施，该类设施的服务内容必须严格符合居民的需求层次。

4. 财政支持可持续原则

社区公共服务设施必须是在政府财政承受能力范围之内的设施。想要保证社区健康运作，必须保证持续而稳定地提供社区公共服务，而持续稳定提供社区公共服务的基础是能够长期正常运作的社区公共服务设施。所以，社区公共服务设施必须在政府的财政承受能力范围之内，这样才能保障全社会整体公共服务水平的稳定性，进而避免出现因政府财力不支影响整体公共服务设施供应的情况。

1.4.1.2 社区公共服务设施基本概念

公共服务是21世纪公共行政和政府改革的核心理念，包括加强城乡公共设施建设，发展教育、科技、文化、卫生、体育等公共事业，为社会公众参与社会经济、政治、文化活动等提供保障。公共服务以合作为基础，强调政府的服务性，强调公民的权利。设施是社会赖以生存发展的一般物质条件，可分为基础建设设施与社会性基础设施两方面。基础建设设施包括公路、铁路、通信、水电煤等公共设施，社会性基础设施包括教育、科技、医疗卫生、体育、文化等公共设施。

社区是若干社会群体或社会组织聚集在某一个领域里所形成的一个在生活上相互关联的大集体，是社会有机体最基本的内容，也是宏观社会的缩影。本书中的社区是相对狭义的空间概念,指城市街道、行政建制镇的分区空间范围,即社区的一个主要社会组织机构,属于城镇居民的自治组织。

本书中将社区公共服务设施定义为,在居住区内,为生活上相互关联的社会群体提供与其人口规模相配套的生活服务设施。社区公共服务设施主要由基础设施和附属设施共同构成,它为居民生活提供公共服务,保证国家或地区社会经济活动正常进行。

1.4.1.3 社区公共服务设施区位

对社区公共服务设施区位概念的理解是区位评价体系与模型构建的关键问题。"区位"一词最早源于德语"standort",指事物本身的空间位置,或者指该事物与其他事物的空间联系。区位并非仅为事物的位置,还可表示事物的布局或为指定目标而圈定的一个范围。

社区公共服务设施的区位研究需要明确其所涉及的空间对象及空间范围。目前有关城市空间的研究内容主要由居住、就业及服务三大空间构成,本书所研究的社区公共服务设施区位主要是探讨服务空间与居住空间之间的关系,不包括就业空间相关分析,即主要是指社区公共服务设施自身的空间位置以及与居住空间的相关联系,包括可达性范围或未覆盖到的服务盲区等。

1.4.2 社区公共服务设施的内涵和分类

1.4.2.1 社区公共服务设施的内涵

1. 功能作用的基础性

基础性是社区公共服务设施功能作用的主要体现。社区公共服务设施是社区公共服务的载体。

2. 覆盖范围的层次性

层次性是社区公共服务设施涵盖范围的主要体现。从消费角度进行分析,社区公共服务与低层次消费需要、共性消费需求直接相联。社区公共服务会对提供服务的物质载体的涵盖范围提出相应的要求。

3. 运行的公平优先性

社区公共服务设施的运行以公平为优先原则。社区公共服务的所有成员的机会平等要求社区公共服务设施必须公平优先，其配置和操作的目标应公平优先，且应倾向于老人、儿童、低收入人群等有特殊需要人群的需求。

4. 供给水平的现实可行性

从社区公共服务设施的供给水平这一角度来说，现实可行性是基本的体现。社区公共服务设施作为不以营利为目的的纯公共服务，必须考虑以政府为供给主体的财政支出能力范围，从而确保社区公共服务水平。

1.4.2.2 社区公共服务设施的分级

社会空间架构是由众多大小不同的社会空间单元形成的，具有多层、等级化的特点。因此，明确社区公共服务设施在系统中所属的等级对于深入研究基本公共服务设施是十分重要的。目前还没有对城市社区公共服务设施进行分级的统一标准，每个城市会根据自身的城市规划与实际布局情况进行分级。例如，南京市将城市基本公共服务设施层级分为社区级与基层社区级，杭州市则将城市基本公共服务设施层级分为居住区级与居住小区级。

本书参照国家制定的《城市居住区规划设计标准》(GB 50180—2018)和2017年徐州市民政局出台的《徐州市社区基本公共服务标准》，考虑了行政区划、服务半径以及实际可实施性，将徐州市城市社区基本公共服务设施分为社区级和街道级两级。徐州市基本公共服务设施分级一览表见表1-1。

表1-1 徐州市基本公共服务设施分级一览表

级别	社区级	街道级
服务范围	居住区级基本公共服务设施服务人口1万～1.5万人，服务半径为500 m	居住区级基本公共服务设施服务人口5万～10万人，服务半径为1 000 m

资料来源：徐州市规划局制定的《徐州市城市总体规划(2007—2020年)(2017年修订)》。

1.4.2.3 社区公共服务设施的分类

国外社区公共服务设施的分类强调公众的使用，主要包括市政基础设施（例如给排水设施、高速公路等）以及社会性基础设施（例如商业服务设施、教育设施、医疗设施、娱乐和体育休闲设施等），但每个国家因文化与生活的差异，其具体内容分类会有所不同。我国制定的《城市居住区规划设计标准》（GB 50180—2018）将社区公共服务设施明确分为托幼、社区服务、文体活动、卫生服务、养老助残、商业服务等。国内对社区公共服务设施的认识偏重实体空间建设，分类角度相对较多，主要按照设施属性、投资主体、管理属性、使用性质等进行分类。社区公共服务设施分类与内容见表1-2。

表1-2 社区公共服务设施分类与内容

分类角度	社区公共服务设施具体内容
设施属性	生活服务设施、市政公用设施、公共服务设施、其他
投资主体	政府投资类——政策性、社会投资类——公益性、民间投资类——民间性
管理属性	自治型、保护型、运营型、专业型、职能型
使用性质	商业服务设施、医疗卫生设施、文化和体育设施、教育设施、金融邮电设施、社区服务设施、市政和行政管理设施

1.5 研究内容、方法及框架

1.5.1 研究内容

本书围绕"如何科学合理地评价城市社区公共服务设施区位"这个核心问题展开研究。聚焦"人"的需求视角，对影响社区公共服务设施区位评价体系的构建、社区公共服务设施空间感知可达性影响因子、社区公共服务设施空间公平性评价、社区公共服务设施空间服务水平评价以及评价总结与优化进行研究。

1.5.1.1 社区公共服务设施区位评价体系理论框架建立

本书基于社区生活圈内在逻辑原理，整理主客体视角下的社区公共服务设施区位布局影响因素。其中，使用主体的影响因素包括居民需求、居民属性，供给主体的影响因素包括政府自身价值观、供给模式、供给能力，设客体的影响因素包括设施规模、设施集聚,区位环境的影响因素包括政策法规、可达性与城市空间环境等。阐述社区公共服务设施区位评价基本原则,确定社区公共服务设施区位评价的研究对象、目标,提出社区公共服务设施区位评价体系内容框架。

1.5.1.2 社区公共服务设施空间感知可达性影响因子分析

本书通过对居民问卷调研后的数据进行统计,进而对社区公共服务设施感知可达性因子进行分析,总结居民在社区公共服务设施空间中的环境需求与行为偏好。本书通过对国内外学者相关定性研究与实际调研问卷数据的定量统计,确定社区公共服务设施感知可达性维度的选择和影响因子的关系分析模型框架以及影响因子的统计分析过程。本书利用因子分析法判断出各影响因子之间的可能关系,识别出影响感知可达性评价的显著因子,并对居民在社区公共服务设施空间内的活动特征进行总结。

1.5.1.3 社区公共服务设施空间公平性评价研究

在理解城市社区公共服务设施区位影响因素特征的基础上,本书进一步定义社区公共服务设施空间公平的内涵,根据本书设计的社区公共服务设施空间公平性评价模型与评价指标,以徐州市鼓楼区为案例研究区域,选择幼儿园、卫生服务站、健身公园、居家养老服务中心和农贸市场等五类社区公共服务设施点进行实证研究。首先,分析社区公共服务设施空间的分布趋势及集聚特征,将社区公共服务设施数据图示化,对研究区域内社区服务设施空间结构规律进行总结。其次,计算居民点的社区公共服务设施可达性,利用可达性模型分别从服务覆盖率、居民点可达性等级和服务人口比三个评价指标进行可达性计算,识别出社区公共服务设施供给弱势区。最后,利用空间自相关模型,解析社区公共服务设施可达性的空间分异特征,划分出社区公共服务设施空间类型。

1.5.1.4 社区公共服务设施空间服务水平评价研究

本书通过对社区公共服务设施空间感知可达性评价显著影响因子的识别,选取鼓楼区牌楼街道所辖社区,进而通过居民对空间环境感知维度中的视觉感知因子、交通感知因子、心理感知因子以及行为感知维度中的推荐行为因子、参与行为因子所设计的量表打分获得对社区公共服务设施服务水平的评价得分,在微观层面上剖析不同影响因素对不同社区的作用特征。

1.5.1.5 社区公共服务设施区位评价总结与优化研究

结合对居民的社区公共服务设施空间的满意度调查,本书提出包括空间公平性的自相关关系、居民空间需求种类、居民行为偏好在内的社区公共服务设施空间发展的四种模式:成熟发展型、失衡滞后型、转型融合型与加强过渡型。在针对鼓楼区实证案例分析的基础上,对社区公共服务设施综合评价模型的延伸性进行探讨,通过改进协调度的空间测度模型,揭示社区公共服务设施功能与街道空间耦合协调规律,为社区公共服务设施选址研究提供基础。另外,为提高社区公共服务设施区位评价框架的可操作性和进一步优化框架,本书提出评价优化的政策引导路径与社区公共服务设施的区位布局优化策略。

1.5.2 研究方法

1.5.2.1 基于文献分析的多学科研究法

本书综合了城市社会学、城市地理学、行为地理学和城市规划学等多种学科方法及体系,多角度观察社区公共服务设施区位评价框架建立的合理性与成果的可行性。文献资料既包括城市地理学和城市规划学的相关理论研究内容,涉及公共服务设施的区位理论、公共产品供求均衡理论等;同时又包括城市社会学的问卷调查、统计分析方法以及行为地理学中行为类型和决策行为分析理论,需要对这些文献资料相关内容进行对比交叉研究,并针对研究对象与研究区域的差异性进行比较分析。与此同时,在构建社区公共服务设施区位评价体系与模型的过程中,需要利用对各学科文献资料的梳理与提炼,建立一个多角度的综合型统一分析体系。

1.5.2.2 基于GIS的空间模型分析法

ArcCIS是地理信息系统(GIS)处理数据的平台,充分利用ArcGIS分析技术的空间数据处理能力、空间分析能力和直观可视化的分析结果输出能力,提取居住用地、设施数和人口数据,利用道路中心线建立道路网络和各类社区公共服务设施点的 OD 成本矩阵，利用两步移动搜索法理论、模型以及空间自相关模型，通过技术量化分析居民点的可获得性与社区公共服务设施的可接近性相关数值，并以此为依据完成对社区公共服务设施的公平性评价。除此以外，综合空间句法、耦合协调度模型等将分析结果导入 ArcGIS，完成社区公共服务设施空间与街道空间活力的耦合性分析研究。

1.5.2.3 基于统计分析法的评价指标体系

本书首先采用问卷调查和资料收集的方法收集数据。其中，居民对社区公共服务设施空间的感知可达性满意度及行为偏好特征的数据主要来源于问卷调查，同时结合已有的相关资料以及公开的居民统计数据总结不同的城市社区空间中居民对社区公共服务设施空间的满意度及行为偏好的差异。其次运用 SPSS 分析软件分析收集到的数据，涉及的统计分析方法主要包括问卷的信度与效度检验、相关性分析、方差分析等。最后利用统计分析的方法完成感知可达性评价，判断各影响因子之间的关系，识别影响社区公共服务设施空间感知可达性的显著性因子。

1.5.3 研究框架

本书的整体研究可分为三大部分。第一部分为研究背景，包括研究目的、研究意义、国内外研究现状等内容。第二部分包括相关理论基础、评价理论框架、综合评价框架与模型、评价与实证等内容，其中相关理论基础涉及核心概念和一般理论，评价理论框架根据社区公共服务设施区位的影响因素（主体因素、客体因素、环境因素）建构而成，综合评价框架与模型涉及空间配置公平评价设计和公共服务效率评价设计两方面内容，结合案例，在宏观层面上，运用两步移动搜索法空间可达性模型，定量评价社区公共服务设施的空间配置公平性，在微观层面上，通过居民的感知可达性维度确认与各影响因素相关性分析，明确重要影响因素在社区公共服务设施服务效率评价中的作用特征。第三部分是全书总结，总结了本书的研究结论，并对本书研究的不足进行了梳理，提出了下一步的研究展望。研究框架图见图 1-1。

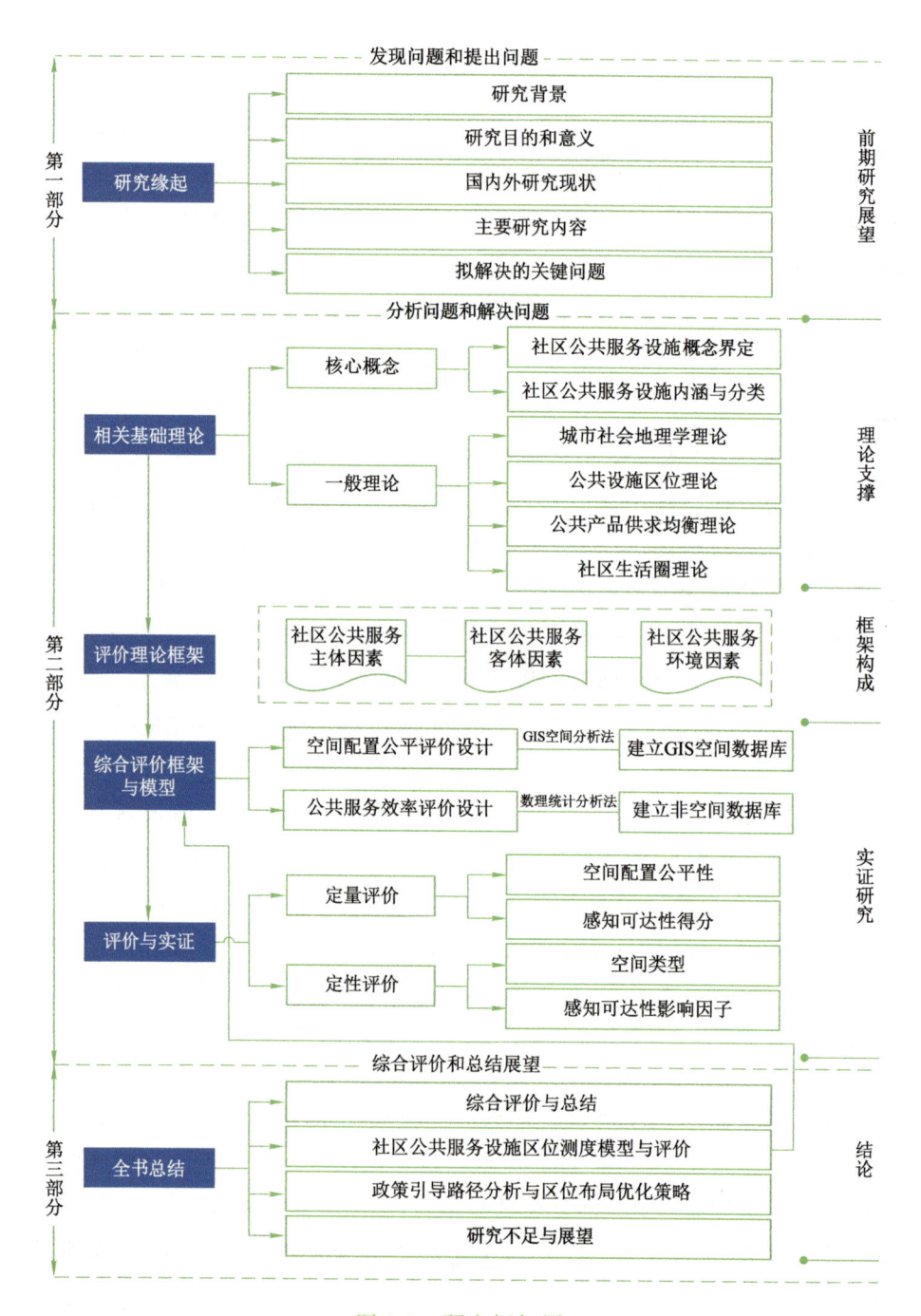

```
第一部分
  研究缘起 ──┬── 发现问题和提出问题
            ├── 研究背景
            ├── 研究目的和意义
            ├── 国内外研究现状
            ├── 主要研究内容
            └── 拟解决的关键问题                          前期研究展望

第二部分
  相关基础理论 ──┬── 分析问题和解决问题
                ├── 核心概念 ──┬── 社区公共服务设施概念界定
                │              └── 社区公共服务设施内涵与分类
                └── 一般理论 ──┬── 城市社会地理学理论
                                ├── 公共设施区位理论
                                ├── 公共产品供求均衡理论
                                └── 社区生活圈理论              理论支撑

  评价理论框架 ── 社区公共服务主体因素 ── 社区公共服务客体因素 ── 社区公共服务环境因素   框架构成

  综合评价框架与模型 ──┬── 空间配置公平评价设计 ── GIS空间分析法 ── 建立GIS空间数据库
                      └── 公共服务效率评价设计 ── 数理统计分析法 ── 建立非空间数据库

  评价与实证 ──┬── 定量评价 ──┬── 空间配置公平性
                │              └── 感知可达性得分
                └── 定性评价 ──┬── 空间类型
                                └── 感知可达性影响因子        实证研究

第三部分
  全书总结 ── 综合评价和总结展望
            ├── 综合评价与总结
            ├── 社区公共服务设施区位测度模型与评价
            ├── 政策引导路径分析与区位布局优化策略
            └── 研究不足与展望                              结论
```

图 1-1　研究框架图

Chapter 2 / 第 2 章

社区公共服务相关理论研究述评

首先,针对社区公共服务设施区位研究设计的相关理论、原则和方法,总结了理论研究的核心问题与未来研究的突破点;其次,基于社区公共服务设施的公共性,结合公共产品供求均衡理论的要点,认为社区公共服务设施要达到最优供给,除充分考虑设施的数量和位置之外,还必须充分考虑周边社区居民的需求和经济能力。

2.1 相关基础理论

2.1.1 城市社会地理学理论

国外对城市社会地理学的研究较早。城市社会地理学本身属于交叉学科,不同领域的专家从不同的视角出发对城市社会地理学的理解不同。有学者认为,城市社会地理学是研究城市社会群体活动及其特征的区位学科理论;有学者认为,城市社会地理学是社会集团的空间活动模式与功能的联系;有学者将城市社会地理学的内涵定义为基于相互关联的物质现实和社会矛盾的社会问题结构关系;有学者指出,城市社会地理学的本质是研究社会生活如何通过社会联系建构空间;还有学者认为城市社会地理学主要研究的是城市空间与文化、居民日常活动及政治之间的问题,是对社会空间性特征进行研究的学科。总结国外学者从不同角度给出的城市社会地理学的定义可以发现,城市空间和个体活动两者之间关系的研究是城市社会地理学的主要研究内容。城市社会地理学的研究重点在于城市中的人与城市空间的互动关系,研究核心是如何使城市空间结构更加人性化和生态化。

2.1.1.1 城市社会地理学的特征

1. 问题导向性

在西方国家,城市社会地理学在某种意义上是为了研究西方种族主义及激进主义。

2. 主题多样性

城市高速发展,随之而来的城市问题研究必然会吸收越来越多的理论研究成果和思想理论学派,例如激进主义学派、女性主义及现代主义学派等,这在为城市问题的解决提供思路的同时也丰富了城市社会地理学的内涵。

3. 地方指向性

与城市地理学对地域无差别叙述的特征相比,城市空间与人类活动之间关系的相互影响是城市社会地理学研究的关注点。因此,城市社会地理学常常对特定区域进行详细分析,具有一定的地方指向性。

4. 定性与本位研究主导

城市社会地理学采取的研究分析方法主要是定性研究,研究方式主要是通过参与式调查的形式,从"文化持有者的内部眼界"的本位论视角对城市活动进行研究。

20世纪50年代,西方地理学界受到科学主义思想的影响出现了计量化的地理学变革,例如模型、假设和理论等成为西方地理学研究的关键词,经济地理等分支学科开始迅速发展,空间分析法和实证分析法成为西方地理学中的主导方式。20世纪60年代,西方国家经济发展缓慢甚至出现停滞、社会公平性丧失及人民贫困等问题,使得空间分析法和实证分析法遭到质疑,人们认为这两种分析方法没有对现实社会的指导起到应有的作用。20世纪70年代,人本主义和后现代主义开始活跃,城市地理学的相关研究从过去对区域和空间分析的研究转变为对真实世界中社会问题的研究。美国学者将人文地理学与各种学科相结合的风潮称之为人文地理学的社会关联运动。20世纪90年代以前,城市社会地理学的研究内容主要涉及种族、移民及犯罪等社会问题。20世纪90年代之后,城市社会地理学在吸收人本主义、女性主义、后现代主义及国际化思潮后,开始从结构维度上对社会问题进行研究和阐述。这个时期性别地理、老年地理及疾病与健康地理等学科理论的研究成为城市社会地理学的主流,区域社会地理则主要对非洲、欧洲及南亚等国家差异文化进行探究和讨论。

2.1.1.2 城市社会地理学的理论分类

城市社会地理学是从量化到质化的转变,是从客位到本位的演化。经历过漫长的理论发展,城市社会地理学的理论分类可主要概括为以下三个方面。

1. 城市社会空间结构相关理论

城市社会空间结构相关理论包括城市空间场所理论、城市活动体系理论、城市空间结构理论等。城市空间场所理论是由挪威学者提出的。该理论的研究对象主要是社会人文环境与个人特征。其中,场所指的是特定意义的社会环境或人文环境。场所使用人员的视觉感受、对环境的控制和社会文化价值是场所理论的核心内容。一般意义上的场地和场所是对等的。

城市活动体系理论认为活动体系是由生产活动、一般福利活动和居住活动三个次级系统构成的,强调城市空间的形成与活动密切相关。城市空间结构理论的研究引入了城市人群多种活动分析,构建了城市活动体系。城市空间结构理论构架中引入了微观层面的活动研究,关注空间结果的发生机制和内在关系,不同于以前只注重物质实体的分析。因为有了微观层面的居民活动研究,地理学对城市的研究真正成为以人为本的研究。

2. 行为地理学理论

行为地理学包含于人文地理学。城市居民行为特征与城市环境之间的影响及互动关系是行为地理学的主要研究对象。经济活动的区位特征与空间物质分布之间的关系是传统意义上人文地理学的研究内容。20世纪六七十年代,行为空间在一些西方国家逐渐兴起,现实条件下人们对某类地方的感知度与空间距离是行为地理学的主要研究内容。行为空间中的物质基础又称为活动空间。活动空间是将人类与作用空间环境相联系的纽带和要素。行为空间对于人们自身行为空间范围的划定具有重要作用。行为地理学理论指出,只有清楚居民日常空间与城市中体现不同功能的空间之间的关系,才能认识人类活动空间的本质特质。另外,工作空间与日常休闲娱乐空间的特征与分类原因、不同行为特征的人与城市交通和环境以及出行等方面的研究也需要明确。

3. 时间地理学理论

以瑞典地理学家哈格斯特朗为代表的隆德学派在20世纪60年代末提出了时间地理学理论。对生活质量的追求促使了时间地理学理论的提出。时间地理学理论可以实现对社会资源的规划和发展方面进行公平合理的分配。时间地理学理论从时间的角度研究个人行为,通过研究结论得出相应的个人行为特征,结合空间地域尝试对不同人群的生活诉求进行分析和探讨,从而更好地理解城市社区居民的个体需求差异及偏好,为合理进行城市交通规划、休闲娱乐设施规划及其他公共设施规划提供理论依据和支撑。

2.1.1.3 我国城市社会地理学的相关研究

随着经济的发展和城市化进程不断推进,更多的城市问题和社会问题凸显。自2000年以来,国内学者在已有研究基础上对我国城市社会空间结构展开了更加深入的研究。

1. 城市社区空间研究

城市社会空间结构一直是城市社会地理学研究的重点与核心,也是中国社会地理学较早的研究领域之一。城市社会空间按尺度通常可分为邻里、社区和社会区三个层次。城市社区空间是城市社会空间结构的基本单元,对于深入认识城市社会空间结构具有重要意义。围绕城市社区空间的研究成为近年来城市社会地理学研究的热点。其中,一类研究关注社区的规划、建设和管理,主要对社区规划理念与实践、社区资源可获得性与配置的公正性进行探讨;另一类研究针对城市内部的典型社区与边缘群体聚居区展开研究,例如对单位制社区、城中村、外来人口聚居区、低收入与弱势群体居住区以及近年来日益增多的封闭社区的研究等。目前的社区研究较之前有了很大进展,对社区内部空间结构的细化研究、各种异化社区的结构与机制分析将成为下一步研究的难点与重点。

2. 城市生活空间与生活行为研究

国内较早关注城市居民日常生活活动和生活行为的是社会学与规划学,地理学对此的研究始于20世纪90年代。经过二三十年的发展,目前对城市生活空间与生活行为的研究主要集中在三个方面。一是以城市为单元通过构建各种指标体系,从主客观两方面评价某一城市的生活质量与人居环境或对多个城市进行比较研究,主要考察城市的人居环境质量与宜居性。二是对城市内部生活空间的研究。以街道和社区为单元评价城市内不同地域单元的生活空间质量与分区,主要考察城市内部各区域的整体生活空间质量与资源可获得性等。三是对城市居民日常生活行为活动空间的研究。有学者通过引入国外时间地理学与行为地理学的研究方法,对中国城市居民日常生活中的出行、通勤、购物、休闲等活动的时空间结构与有特殊需求的人群的活动空间进行了系统研究,填补了中国人文地理学在该领域的空白。目前,学界对于城市整体的人居环境研究较多,并开展了大量实证研究,但因为受数据的限制,围绕城市内部生活空间与居民日常生活的研究成果较少。

3. 城市社会问题研究

随着中国城市社会空间重构进程的深入,城市居民的居住空间与就业空间不匹配的现象日益突出,"职住分离"成为大城市发展所面临的重要课题。国内学者对此的研究主要在三个方面:一是对居住和职业空间组织模式特征与影响因素的研究;二是对"职住分离"关系演进的探讨,一部分学者认为中国城市"职住分离"将会加剧,而另一部分学者则认为职住均衡性将增强;三是对"职住分离"引起的居民通勤、社会隔离等问题的研究。在理论总结方面,代表性研究为对城市居民活动的时间地理学研究和关于生活空间质量研究的模式总结。

城市社会地理学的学科研究范围包括城市中的人类活动与空间的关系。人类社会经济活动在空间的投影是城市空间,这是以城市社会地理学理论为依据的。城市的重要意义可以通过城市中的人与城市空间的互动关系以及联系体现出来。如何才能使城市空间结构具有更加人性化和生态化的特点是城市地理学研究的重点。研究人与城市空间互动关系的基础是人文社会学与城市地理学两门学科的有机结合,城市社会地理学学科体系也是基于此而形成的。

2.1.2 公共设施区位理论

2.1.2.1 公共设施区位理论概述

公共设施区位理论主要是研究不同公共服务设施在城市中的空间布局及规划设计的问题,合理地选取公共服务设施的区位有利于公平、合理及高效地配置城市公共服务设施资源。城市公共服务设施区位的选择直接影响城市公民对公共服务设施数量和质量的满意度评价。20世纪60年代起,城市公共服务设施区位的选择问题受到国内外各类专家和学者的关注,为此学者们运用不同的研究方法和手段,针对不同种类的城市公共服务设施配置问题进行了探讨和研究。

城市的公共服务设施主要由政府部门及相关政府管理机构承担,主要目的不是营利而是实现社会福利及效益最大化,从而更好地服务于社会民众。基于这样的性质,区位选择的主体是政府,城市公共管理设施的运转是由政府提供支撑的,城市公共服务设施的服务范围也是由政府决定的。同时,城市公共服务设施的非营利性也是人们对其与一般意义上设施区位选择问题进行区分的原因。

(1)区位选择的目的不同。区位选择的目的是指人们对公共服务设施进行区位选择后想要达到的目的,这是区别公共服务设施区位选择与一般意义上设施区位选择的重点。一般意义上设施区位选择是为了使经济效益最大化,通过区位的选择来降低成本、增大经济收益;公共服务设施区位选择的目的是实现社会福利和效益最大化,在降低社会成本的同时更多地需要考虑不同居民获取公共服务设施的公平性与高效性。

(2) 区位决策的主体不同。一般意义上设施主要通过私人提供资金并获取相应的经济效益,区位选择一般不是由政府直接参与而是由私人来决定的。城市公共服务设施主要是由政府进行财政支持,由居民作为受益人,因此它的区位选择主要是由政府有关部门进行布局和规划。

(3) 区位选择的理论基础不同。一般意义上设施的区位选择理论研究的是以价格因素为导向,在完全竞争的市场环境下进行资源分配。完全竞争市场理论、一般均衡论及产业聚集论等构成了区位选择的理论基础。在缺乏竞争的市场环境下,政府公平、高效、合理地配置公共服务设施资源体现了公共设施区位理论。福利经济理论及公共选择理论等是公共设施区位理论的主要理论基础。

(4) 关注的问题不同。区位选择理论从一般意义上来讲主要是从成本和市场的角度出发,在完全竞争的市场中合理对企业资源进行空间配置,因此以营利为目的的传统企业在进行区位选择时主要考虑类似于工业空间布局、产业集群效益及土地利用分布模式等因素。公共设施区位理论主要研究的是如何在政府的财政预算内使居民获取城市公共服务设施配置的均衡性、公平性、便捷性及高效性得以满足。公共服务设施在区位选择时考虑的因素主要有公共服务设施评价指标体系及空间可达性评价等。

2.1.2.2 公共设施区位理论的发展

公共设施区位理论大致经历了三个发展阶段,第一个发展阶段——创始阶段,20 世纪 70 年代由美国学者泰兹提出,公共服务设施区位选择主要是针对整个公共服务设施系统来讲的,传统的区位选择很少从系统的角度对多个公共服务设施进行配置。泰兹认为在不考虑政府的财政预算时,公共服务设施配置最合理的规划设计方法需要考虑居民获取公共服务设施的公平性及效率性,将规范研究和地理空间相统一。泰兹的理论对新古典福利经济学有较强的依赖性,没有考虑各种公共服务设施及其需求者特性的差异。

20世纪70年代开启了公共设施区位理论的第二个阶段——数量时代。学者们对泰兹理论模型相对有限的解释变量进行了扩展,主要评价公共服务设施距离、分布模式、可达性、认知影响与外部效应等因素并对这些因素进行了拓展。数量时代主要探讨区位模型的公平与效率取向。学者们认为如果想要倾向于效率导向可以通过运筹学理论构建区位模型,当模型中的公共服务设施数量与成本都需降至最低,与此同时公共服务设施的利用率与可行性达到最大值,模型的目标才能实现。另外,还有学者探究了公共服务设施区位的公平性,例如研究了在蕴含着重要的公平理念(尽管是间接的)极限距离限制下的最大覆盖问题。

20世纪70年代中后期至今为公共设施区位理论的第三个阶段——后数量时代。马克思主义地理学者一方面批判了数量和行为地理学,受其影响,社会公正和基于空间成本的社会效率也受到了冲击;另一方面,学者们开始强调与人文服务背景相结合的数量地理学研究。这一阶段的研究主要以社会现实背景为基础,认为传统区位模型是探讨科学的、规范的、以政策为导向的区位决策模式,并且局部的、琐碎的因素往往是公共服务设施区位选择时要考虑的范围。此外,将人文服务理念贯穿各种区位选择因素的研究也是学者广泛倡导的。还有部分学者的研究重点转向如何重构人文服务公共服务设施区位模式,公共服务设施区位研究模式的重构也得到了医学地理学、GIS等研究领域的认可。

2.1.3 公共产品供求均衡理论

2.1.3.1 公共性

公共性是公共产品的本质属性,主要包括供给和消费的公平性与公正性,为了保证所有人消费和享用,需要通过非排他性和竞争性来实现。

1. 公平使用公共产品

居民公平使用公共产品,没有排他性和竞争性。换言之,任何人都可以使用或消费公共产品,并且不会影响到其他人。

2. 公平的供给取向

公共产品的供给目标是实现社会总福利和人均总福利的最大化，所以政府提供公共产品时必须按照社会公众的集体意愿。

3. 供给机制公平性

为了保证公共产品的供给公平、分布公平和筹资公平，政府需要公平公正地向社会所有成员提供公共产品。

4. 空间布局的公平性

为使不同地区和不同阶层的社会居民都可以享受到便捷的公共服务，需要保障公共服务供给的质量和规模，以及均衡的公共服务空间分布。基于公共产品的强外部性和对生活质量的重要影响，公共产品的均衡分布可保障公共服务的均等化。

2.1.3.2 供求均衡理论

公共产品的供求是否均衡主要取决于供给量和供给价格水平。当供给能够满足消费者的需求，消费者才能获得最大的效益，公共产品才能实现最优供给的目标。因此，经济学者提出了较为完整的公共产品最优供给理论与模型。

（1）充分考虑消费者的需求，才能达到公共产品的供求均衡；确定公共产品的需求，才能确定公共产品的供求均衡点和最优供给状态。每一个社会成员都要按照自己从公共产品中所获边际效益的大小来分担提供公共产品所需要的费用，则公共物品或服务的供给量可以达到具有效率的最佳水平。

（2）受消费偏好影响，消费者消费量相同，但愿意支付费用的可能性则有所不同。消费者不隐瞒自己的消费偏好，并按照偏好付费才能实现公共产品的供求均衡。

在公共产品需求理论的相关研究中最具代表性的均衡模型主要有林达尔均衡模型和萨缪尔森一般均衡模型。林达尔在对公共产品均衡的实现过程进行分析之后，从价值补偿的角度构建了相关的均衡模型。林达尔假设消费者在支付一定的税收后得到公共产品，这个税收可以视为公共产品的价格，并且各消费者对公共产品的需求在该价格水平下是一致的。林达尔假设在价格博弈中消费者力量相同，并且表达自己的偏好也需要在力量均等的前提下。例如,消费者 A 真实表达自己的偏好,消费者 B 隐藏自己的部分偏好。在这种情况下,公共产品成本将由 A 承担较大一部分比例,B 承担相对较小的比例,总体的公共产品供给数量减少。通过反复的价格博弈,A 的需求表达意愿将会减少,长此以往,A 和 B 得到的公共产品数量会变少,产生不利于满足两个消费者需求的后果。为此,A 和 B 则会真实地表达偏好,同时促进公共产品供给均衡的实现。

萨缪尔森基于效用基准构建均衡模型计算资源的最佳配置,将公共产品与私人产品作为分析要素。首先,萨缪尔森将一个类似于股票市场中的询价方作为假设,每一个经济决策参与者对公共产品的需求状况都能够被清楚地了解,包括需求的结构、需求的数量以及最大的支付意愿等,并汇总和分析了这些相关信息,同时每一个参与者的效用函数均被询价方所知晓。其次,在萨缪尔森建立的假设中,需求者真实地表达了自己的需求,并且他们愿意承担成本,并把这些信息传递给供给方。

如何确定公共产品的供给量、供给价格和供给水平,这是公共产品的供求均衡问题,为了满足消费者的需求,必须首先解决该问题。在提供公共产品之后,由于公共产品的不可分割性,消费者的消费水平是相同的,因此,按照公共产品供求均衡理论若要达到最优供给,在公共产品数量和位置进行布局时,还应充分考虑周边社区居民的需求和经济能力。

2.2 相关理论研究进展

2.2.1 区位理论研究

2.2.1.1 区位理论的相关研究概述

Thisse 从学科分支的角度来阐述区位理论,认为它包含于区域经济学,并可以指导区域经济中一些实际问题的解决[1]。杨吾扬从研究内容出发,认为区位理论是研究人类在空间组织中活动的优化问题[2]。刘树成等认为区位理论是解释人类活动的区域选取、空间分布及活动空间对人类行为影响的一种学科理论[3]。从广义上讲,区位理论是各种人类活动区位的选取、形成和发展的一种理论研究。从狭义上讲,区位理论是对各种实体要素的集中和组合,是一种从空间结构和人类活动空间上研究人类经济活动空间优化的一种理论。

陈文福指出,以 Isard 和 Backman 为代表的研究使区位理论的研究进入新的阶段,这也是现代区位理论形成的萌芽时期[4]。这个时期,对区位理论的研究分为两种,两种研究方法之间相互联系又各具特色。一种是以区域经济为对象,研究区域经济开发;另一种是将地理学中计量方法的使用及分析应用于区域理论分析,建立了一种与人文地理相结合的区域理论研究方法[5]。

20 世纪 80 年代末,随着西方国家工业的快速发展以及柔性生产方式的逐渐转变,区位理论形成了产品周期理论和适用于柔性生产方式的柔性理论,与此同时,产业化的推进也促使了新产业空间理论的产生和发展[6]。20 世纪 90 年代,Krugman 将经济学中的规模经济、报酬递减、完全竞争、垄断等概念引入区位理论,形成了新经济地理学体系。新经济地理学以经济学的思想为核心,对同一区域和多个区域的经济系统建立一般均衡模拟,从而完成竞争垄断一般均衡模型构建的一种学科理论方法[7]。Fujira 等通过结合演化观念和冰山理论,完成对核心-边缘模型、城市系统演化模型以及产业贸易模型的构建,建立起一整套空间结构设计和规划的理论及框架,由此得到的结果与使用结合地理学的区位理论方法得到的结论相一致并且更为精确,即区域经济增长的本质是由于地方外部性以及收益递增的因素存在而导致的[8]。

2.2.1.2 区位评价体系的相关研究

随着区位理论的不断丰富和深化,国内外学者开始对区位评价体系进行研究。Cooper 为了让人们能够以最有效的方式接近公共服务,将已有的工业区位论应用到多种求解模型中,得到新的配置模型[9]。Mcallister 在增加公共因素的考虑之后,提出基于公共设施区位的分析模型,表明距离是影响公共设施区位公平性的主要因素[10]。Cho 通过建立效率公平模型,对韩国清州市市区的医疗设施进行了研究,分析了输出参数对医疗设施的影响[11]。Mueller 等通过拓扑分析两点之间的最优路径来指导现代基础设施的建设和相关服务业的选址[12]。Rahman 等借助模型分析了一些商业设施满足居民需求的服务半径[13]。

2.2.2 城市社区公共服务设施研究

2.2.2.1 空间分布的公平性与可达性

1. 公平性与非均衡性研究

国外文献主要从空间公正的角度,将社区公共服务设施的可获得性水平测量作为公平性研究的主要内容。Kinman 认为,公平性是指社区居民对公共服务设施可获取机会的均等性,且描述可达性的距离是可以测量到的[14]。Taleai 等对公平性的理解更加广泛,认为公平性的体现不仅仅在于居民获取公共服务的机会均等,更多的在于教育、就业等方面对不同年龄结构群体居民的公平性,并且公共服务设施不仅指单一的目标设施,而且指所有的公共服务设施[15]。针对社区公共服务设施的非均衡性研究,学者们主要关注于社区特殊群体、弱势群体、社区居民属性差异化。Tsou 等使用综合公平指数来衡量城市公共服务设施水平,在全面考虑社区居民需求偏好和差异性之后,得出城市综合公平指数低于单类设施公平指数的结论[16]。Venter 等在研究城市公共服务设施配置公平性的问题时,较为全面地考虑了社区居民的属性及差异性,从城市空间规划及非空间的角度研究影响公平性的因素和机制[17]。

国内文献则多把公共服务设施非均衡性研究聚焦于我国城乡统筹下的农村基本公共服务设施的非均衡性分布,以及跨省域范围的教育、医疗、文化体育等公共服务非均衡供给。例如,李苒基于 ArcGIS 网络分析中的服务区分析和可达性的哈夫模型,分别从基础教育学校空间布局的效率和公平角度来分析居民社区所承载的教育资源的空间非均衡性[18]。胡海波基于公共服务均等化视角全面且深入分析恩施土家族苗族自治州城乡体育资源配置现状,并提出产生城乡差异的非均衡性因素[19]。朱小雷等从老年人群认知评价的角度,揭示广州市保障性社区养老服务设施配套非均衡性,发现中低收入老人的年龄、自理能力、社区区位等影响老年人的满意度[20]。

2. 基于可达性的公共服务设施公平性研究

空间可达性是对公共服务设施公平性讨论的基础和前提。空间可达性指区域内的任意一点到达最近公共服务设施中心的相对难易程度。国外学者对基于可达性的公共服务设施公平性的研究非常广泛,空间尺度从区域层面跨度到邻里社区,研究对象涉及公共医疗、教育资源、广场与公园绿地、文化休闲服务、餐厅食品供应等各类设施。Witten等以新西兰的两个城市为例,使用社区资源可获指数与最大距离测度获取可达性地图,并结合社区资源的构成量化结果解释社区资源的可达性[21]。Nahmias-Biran等采用居民使用不同交通工具的简单假设,将居住地和公共服务设施点作为锚点,讨论基本公共服务设施的服务自动评价[22]。Philibert等提出了步行指数的可达性概念,并将其运用于社区日常设施空间布局研究中[23]。

随着我国进入新型城镇化发展阶段,基本公共服务均等化与公平性成为区域发展战略的重要目标,反映距离临近程度的可达性研究已成为国内地理学重要的学科任务[24],研究内容主要分为以下两个方面。

第一,可达性的基础测度方法研究。国内很多学者采用可达性计算模型或空间句法,通过GIS地理数据处理软件来进行可达性研究,研究对象较多集中于医疗与绿地公园两类。例如,宋正娜等使用引力模型研究了江苏省如东县城市公共医疗服务设施的可达性[25]。林康等通过公共产品空间布局决策支持系统,把5 min为间隔的空间可达性分布频率和累计频率作为可达性空间质量指标来研究江苏省仪征市医院空间布局[26]。张纯等根据实际路网和公共交通服务供给,基于潜能模型提出利用GIS网络分析方法测算北京市中心区各类医疗设施的就医可达性[27]。浩飞龙等基于百度地图及腾讯大数据,采用集成多种交通模式的引力模型等分析方法,综合测度长春市中心城区公园绿地的供需匹配特征及空间可达性[28]。可达性的计算方法很多,常用的有比例法模型、最小距离法、最大覆盖法、引力模型法与机会累积法等。表2-1对可达性的主要计算模型进行了简要描述。

表2-1 可达性的主要计算模型

模型	描述
比例法	一定半径距离内公共服务设施总数与服务人口总数的比值。该方法操作简易,以直线距离作为服务半径,但忽略了空间阻隔因素与区域内的可达性变化
最小距离法	居民点到达最邻近公共服务设施的直线距离。该方法可有效表达公共服务设施的空间可达性,但忽略了公共服务设施的服务质量与研究单元内的人口分布等情况

表 2-1(续)

模型	描述
最大覆盖法	公共服务设施数目一定的情况下,如何布局才能覆盖更多的居民。该方法虽然将公共服务设施数量与人口分布考虑了进去,但仍未考虑居民对公共服务设施的需求和选择
引力模型法	区域内公共服务设施对需求者的吸引力。该方法考虑了距离和公共服务设施规模,但未考虑人口分布、居民的需求和选择
机会累积法	在设定的出行成本(空间距离或出行时间)下,从某点出发所能获得的机会数量。该方法的重点是需要确定进行机会搜索的距离或时间阈值以及距离造成的衰减作用

第二,结合居民社会属性与需求的可达性研究。出于对以可达性为核心的传统公共服务设施公平性研究理论的反思,一些学者提出还要考虑不同群体的社会经济属性与真实需求、使用偏好,以此反映群体的多样化选择和跨区域获取公共服务的行为[29],例如居民的经济收入[30]、文化水平、年龄层次[31]等因素。但由于人口统计资料获取难度较大,并且城市人口流动性较强,国内学者的研究仍主要以居民需求背景下公共服务设施可达性相关的定性研究为主。王松涛等认为,随着我国社会阶层的划分逐渐形成,对城市公共服务设施占有不均衡的问题将会越来越突出,比如价格高的住宅区域可达性优于价格低的住宅区域[32]。江海燕通过总结研究资料,发现对城市公共服务设施公园绿地的可达性与居民社会经济地位直接相关,公园对收入较高的高层次人群具有集聚作用[33]。郑童等在研究北京市流动儿童上学问题时发现,城市公共教育资源与流动儿童上学的需求之间存在着不协调,对此提出增加教育资源设施空间布局的建议,以满足流动儿童获取教育资源的需求[34]。黄杉等在研究城市开发区公共资源的规划和布局时,发现居民需求层次的曲线峰值从低级向高级逐渐演化,因此提出对开发区公共服务设施布局采取近远期和规模梯次的方法[35]。湛丽等从居民个人视角入手,揭示北京市居民对城市公共服务设施使用偏好与设施实际配置可达性之间存在的错位问题[36]。

20 世纪 90 年代之后,国内外对城市社区公共服务设施规划的研究更多地增加了对不同居民个体特征以及居民间差异性的考虑。对于城市公共服务设施配置的公平性,国外学者从不同的学科角度对其进行了大量的研究,不仅涉及的学科较为广泛,而且研究方向逐步向社会科学不断拓展。Griffin 等在总结前人研究成果的基础上,建立了对不同健康状况下居民需求的评价体系[37]。Sirgy 等认为社区中公共服务设施的不同部分对居民满意度的影响不同,故采用调查问卷的方法对居民进行调查后,将不同的公共服务设施对居民满意度的影响程度进行排序和整理[38]。Teixeira 等针对公共服务设施规划提出了一个精确的分层布局模型——HCM 模型(Hierarchical Capacitated Median Model)。该模型的主要特征是最大化居民可及性,采用将不同水平的居民需求和公共服务设施进行分级的方法,使空间规划分级后的形式更有助于满足居民的需求[39]。Besser 等以 18 个城镇为研究对象,通过问卷和电话访谈的方式,从公共服务设施的数量和质量两个方面对社区居民和公共服务设施管理服务人员进行访谈[40]。Plunz 等使用互联网 Twitter 数据库,分析居民的情感特征对社区绿色基础设施使用的影响[41]。

2.2.2.2 空间分布的影响因素

城市公共服务设施空间分布的影响机制是复杂的,除了公共服务资源供给数量会直接影响公共服务设施的使用,距离、交通网络、社会阶层、收入水平、职业、教育程度、性别、年龄等也被认为是影响可达性的基本因素。Hosseini 等的研究表明,种族隔离和收入水平差异加剧了居民在获得公共服务设施使用机会的不平等[42]。Barbosa 等认为政府针对婴幼儿、老年人以及贫困人口的公共政策制定会对公共服务设施的可达性产生很大的影响[43]。另外,居民的居住偏好、个体行为与心理感知差异也会影响公共服务设施的分布情况。Fransen 等采用社会问卷的方式,收集居民出行的偏好、步行体验、公共服务设施使用满意度等感知内容,探讨居民个体享用公共服务设施的机会与公共服务设施空间公平性[44]。

国内的学者对公共服务设施分布的影响因素进行了探索研究,通过对已有研究的总结,影响要素可分为以下三类:第一类是宏观层级的国家政策、城镇化水平等因素,第二类是中观层级的公共服务设施规划与供给、区域经济发展水平等因素,第三类是微观层级的个人社会经济属性与个人需求等因素。我国公共服务设施空间分布的影响因素见表 2-2。

表 2-2　我国公共服务设施空间分布的影响因素

层级	影响因素
宏观	国家政策、城镇化水平、财政收入
中观	各级/各类公共服务设施规划与供给、区域经济发展水平、区域人口分布等
微观	个人社会经济属性、个人需求

宏观层级上，林振德等认为，国家地区经济政策与居民收入水平会影响基础公共服务设施建设的公平性[45]。田祥宇等从经济发展水平、财政收入、财政分权、人口密度、城镇化水平等五个方面对公共服务设施投资公平性的影响进行了理论分析[46]。中观层级上，湛东升等将影响公共服务设施空间布局公平性的因素归纳为设施、土地、交通等七种因素[47]。高军波等以广州市为例，认为影响城市公共服务设施空间形态的主要因素为自然地理条件、城市建设历史、经济发展、制度政策变革及供给需求[48]。微观层级上，陈洁等提出以人作为公共服务设施获取的起点，认为有来自客观与主观两个层面的影响因素，客观因素包括性别、年龄、支付能力等，主观因素包括个人感知、性格喜好和价值取向等[49]。邹思聪等划定青少年、青年、中年和老年群体的日常活动空间，并从日常活动范围和活力视角分析社区公共服务空间使用的影响因素差异[50]。

通过上述分析可知，现有研究讨论的各类影响因素较为抽象，如何将这些影响要素作为公共服务设施区位公平性指标，并在实际规划中得到明确的体现仍需要进行深入且科学的研究。

2.2.2.3　评价与选址评价

对公共服务设施布局的研究主要包含两大方向：一个是面向现状的布局评价，另一个是面向规划的选址布局评价。

1. 现状布局评价

国内对公共服务设施布局评价的研究主要包括定性研究和定量研究两个方面。定性研究主要是通过现状调研，总结现有布局存在的问题。研究发现,目前城市公共服务设施布局的问题主要集中于分布较为零散、布局不均衡、公益性设施区位偏远、城市边缘区社区公共服务设施不足、老年人或弱势群体获取难度大等方面[51][52]。一些学者针对评价结果,结合社区规划提出了相应的意见与建议。例如,罗吉等研究发现社区公共服务设施水平与城市空间结构相关性高,且呈现圈层减弱的态势,只有在社区生活圈规划时考虑了居民的主观诉求,才能更加精准地对各类社区公共服务设施进行优化配置[53]。刘雪娇从居民需求和体验出发,提炼社区公共服务设施规划的趋势,指出可通过空间维度和时间序列的精细化布局来完善城市社区治理体系[54]。王兴平等从社会分异的视角出发,运用访谈与问卷法分析南京市主城区的社区公共服务设施的空间分布特征,并提出相应的空间布局优化建议[55]。

定量研究主要使用数理统计的方法和以 GIS 为代表的空间分析技术,通过案例分析方法对公共服务设施的空间分布特征与差异化、社会-空间关联性进行分析和评价。周春山等利用 2018—2019 年广州市各类社区老年人问卷调查数据,采用 ANOVA 单因素方差法分析老年人的特征及公共服务设施适老化影响因素[56]。此外,基于城市居民生活圈层级划分的公共服务设施研究也成为主要趋势。江明运用 GIS 软件的栅格数据的空间分析功能,以村庄居民点为中心,以居民获取公共服务设施的最佳距离为半径,对生活圈层次进行了定量划分[57]。吴晨玮基于生活圈划分,利用核密度分析法总结西安市社区公共服务设施布局现状,同时通过选取评价指标对社区公共服务设施进行最终评价[58]。有学者运用地理空间数据分析系统研究医疗与餐饮设施布局,发现公共服务设施布局呈现由城市中心向外以环状递减方式分布的现象[59][60]。与此同时,步行指数计算方法的引入成为社区生活圈中对日常生活设施布局评价合理性的修正,一些国内学者通过修正步行指数计算中的相关参数,对国内城市的公共服务设施布局进行案例分析与评价[61]。

2. 规划选址布局评价

除了结合案例分析研究公共服务设施布局评价之外,还有很多学者也对公共服务设施的选址借助模型与 GIS 软件相结合的分析方法进行研究,实现了较为精准的区位落点。针对紧急型服务设施,张亚楠等建立了多准则选址模型,考虑需求与公共服务设施的层级性关系、结构特征来对应急避难场所选址进行分析[62]。孙华丽等以玉树地震后伤员转运问题为例,通过RS和GIS构建了震后多目标动态应急医疗设施选址模型[63]。此外,还有更多的研究集中在对日常生活性公共服务设施的选址上。例如,于珊珊等使用两步移动搜索法对医院可达性进行评价,并利用多准则决策分析模型对空间选址进行优化[64]。汪静怡提出了基于居民心理需求、道路整体网络通达度以及 GIS 的位置分配模型下的选址优化方法[65]。陶卓霖等对国内外公共服务设施布局优化的主要模型方法进行总结和梳理,包括公平最大化模型、多目标规划模型、动态和随机区位模型、多等级设施区位模型,并从优化目标、设施选择行为假设、规划期内的需求变化、对公共服务设施等级和规模的关注以及对公共服务设施资源现状的考虑等方面对模型应用进行评述[66]。

2.2.2.4 优化策略

为社区公共服务设施空间布局提供策略是国内学者重要的研究课题。一些学者从城市控制性规划与管理的角度出发进行研究。例如,何振华反思在传统规划方法中的规划指标选取、规划路径划分等方面存在的问题,从分级控制、分类控制、总量控制、空间控制等四个方面提出社区公共服务设施规划的改进策略[67]。宋聚生等主张社区公共服务设施的配置应结合社区行政边界,在合理的社区规模内建设社区中心,对社区公共服务设施进行集中布局[68]。程文等从解析居民社区公共服务设施供给问题入手,考虑地域差异,转变规划思路,提出社区公共服务设施的配置与布局、建设与管理等方面的方法和建议[69]。另有一些学者较为关注居民个体日常活动出行规律,主张依照居民出行能力与偏好进行社区公共服务设施配置。例如,焦健在居民日常活动出行视角下验证社区公共服务设施与日常活动出行之间的相关性,认为完善社区层级公共服务设施可以促进居民个体的日常活动空间集聚[70]。邢泽坤从社区人居环境的层次上思考社区居家养老设施的自我更新、功能和空间演变规律[71]。还有一些学者以居民的多样性需求视角为基础,认为公共服务设施的布局不需均衡分布,但应以满足各种人群的需求为主。孙雅文指出了社区公共服务设施配置类别与方式的特征,结合西安市经开区的社区公共服务设施供给现状与居民使用需求之间的矛盾,提出以居民需求为出发点、资源利用最大化等优化建议[72]。另外,也有学者基于GIS平台开发,利用数据库技术与空间分析技术,设计出社区公共服务设施配置支持系统,实现社区公共服务设施综合配置优化[73]。

2.2.3 城市社区公共服务评价研究

2.2.3.1 空间绩效评价

分析公共服务设施空间分布绩效常见的思路是通过定量指标构建绩效模型来进行评价,其核心是区位分布关键影响指标的确定和模型选择。国外对于空间分布绩效评价方法的研究较少,国内学者的研究主要体现在空间分布绩效均等化评价指标和空间分布绩效均等化评价应用两个方面。

1. 空间分布绩效均等化评价指标

康健等从政策环境公平、供给水平发展和群众满意度三重评价维度构建基本公共服务设施均等化评价指标[74]。杨迎亚等在建设城市和乡村公共服务设施均等化指标时,包含了义务教育、社会保障、医疗卫生、公共基础设施等四个方面[75]。李华等认为绝对指标、相对指标和衍生指标是基本公共服务设施均等化的基础指标,均等化的评价指标主要包含投入、产出及结果类指标[76]。

2. 空间绩效均等化评价应用

有学者建立了城市公共体育服务设施均等化评价体系以及西部地区公共教育服务设施均等化评价体系[77][78]。许欢科等提出公共卫生评估框架,框架中服务实施过程包含基本公共卫生服务对居民群体的覆盖范围、服务质量及效果等方面内容[79]。吕斌等在研究我国居民社区公共服务设施空间分布绩效均等化的问题时,通过对广州市、天津市、太原市典型案例进行对比分析的方法得出研究结果[80]。

2.2.3.2 满意度评价

评价公共服务的另一种常见思路是通过主观质量的评价,即通过居民的满意度和感知质量来进行评价。我国学者在公共服务满意度评价方面做了大量的研究并取得了较为丰富的研究成果,这对公共服务设施区位及规划具有十分重要的参考价值。在公共服务设施使用满意度评价方面,国内学者通常采用问卷调查的方式获取使用人群对公共服务设施使用情况的数据。例如,孙苏娴等通过对苏州市老年人社区公共服务设施建设现状和使用情况进行调查,来确定为老年人服务的各类社区公共服务设施建设的服务半径[81]。在分析方法上,学者们较多采用因子分析法、IPA分析法、模糊层次分析法等进行数据统计分析。例如,笔者和其他学者曾基于徐州市文化消费调查结果,利用因子分析法遴选居民文化消费意愿及行为与公共服务设施满意度的主要影响因素,揭示公共文化设施的供求特征[82]。涂克环等基于IPA分析法研究中老年游客对公园的满意度与重要度评价[83]。黄泓怡等运用模糊层次分析法,从居民需求角度构建老旧社区公共服务设施满意度评价体系,进行实证分析并提出微更新改造方案[84]。

另外,还有一些学者基于主观对公共服务设施的可达规模感知来分析居民对公共服务设施的满意度。刘春济等认为通过展开主观层面可达性的维度结构及相互关系方面的研究,可以有效了解居民对滨水区公共空间可达性的现实需求与满意度[85]。韩西丽等也基于公园绿地的接近感分析了居民的感受[86]。任尧运用使用后评价(POE)研究方法对公园绿地使用者活动与偏好进行调查,得出主观可达性结果[87]。

2.2.3.3 服务供给政策

国外学者多基于城乡公共服务设施供给的具体实践,提出了一系列创新公共服务设施供给模式的思路。Kübler等通过分析瑞士七个主要大都市区社会公共服务支出的决定因素,探讨政府间合作和收入共享制度能否解决公共服务资源空间公平问题[88]。Dan等通过回顾欧洲公共部门引入市场机制与公共服务设施公平之间的关系发现,一些市场型机制(例如用户收费、自由化和私有化),更有可能导致公平性降低[89]。Durst等通过完善价格机制进行市场调控研究,证明明确政府和社会在供给上的权责边界,建立健全补贴、补偿、惠民等制度,有助于提高公共服务设施的均等性[90]。

与国外学者关于公共服务设施供给政策研究所不同的是,国内学者将研究重点集中于供给政策制定、供给手段确定以及供给的公平化与均等化等方面。李会平等通过分析上海市政府公共服务供给与房价之间的关系,发现公共服务的可获得性被"资本化"到房价中,治理结构相对集中的分权财政体系可能加剧上海市住宅的两极分化[91]。雷诚等结合常州市新北区的公共服务设施供给进行实证校验,从供给环节—管控环节—运营环节探讨都市区社区公共服务设施供给体系的转型,提高社区公共服务设施供需匹配效率[92]。

2.2.4 研究现状评述

2.2.4.1 社区公共服务设施区位研究种类多样化

国内外社区发展阶段的差异性导致二者在社区公共服务设施区位研究方面产生很大的差别。欧美国家于19世纪末开始城市社区建设,经过长达百年的发展历程,早已从基本的社区建设阶段迈进成熟的社区发展阶段。各国重点关注公共服务设施配置与使用的公平性、公众参与、社区居民健康、个体出行偏好、社区关系网格之间的关联。近年来国外学者对社区公共服务设施问题的研究始终以社区公共服务设施与使用者之间关系的量化为主。我国城市社区公共服务设施虽已迈出初级发展阶段,但未来还有一段时间仍要以物质建设为重点开展社区建设工作。国内一些较为发达的城市社区开始逐渐尝试公众参与、居民需求等相关社区公共服务规划,但社区公共服务设施建设还是多以政府需求为导向,侧重于解决实际建设方面的问题,包括社区公共服务设施的规模、种类、布局和选址等。国内各学科的研究大多从自身角度出发,特别是针对单一类型的社区公共服务设施布局与选址的研究较多,比如教育、医疗、公园,没有延伸到对整个社区公共服务设施供给体系的研究。或是较多地探讨针对某一个或某一类社区的调研后制定相关的优化措施,社区公共服务设施布局与选址的复杂性难以拓展到对城市其他社区公共服务设施空间建设的指导。

2.2.4.2 主观能动性意识在各研究领域的崛起

自党的十六届三中全会召开之后,以人为本的理念成为我国重要的城市科学发展观。以人为本是以居民全面需求为本,在城市社区规划过程中充分发挥居民的主观能动性,以提高社区的建设质量和居民的生活质量。虽然,社区公共服务设施的建设者决定了社区公共服务设施的区位与布局,但居民作为最终的效果体验者,只有满足居民需求,或与居民日常活动行为联系最紧密的社区公共服务设施布局才是最成功的。因此,需要在社区公共服务设施布局时充分考虑可体现当地居民主观能动性的行为偏好、日常习惯、可接受的设施距离、服务空间质量与规模等问题。有学者把居民行为等一些主观能动性影响因素纳入模型的构建,但较多是选择受社区公共服务设施属性所影响的特定某类群体的偏好,因此模型结果会与实际情况有较大的出入。同时,在可达性模型构建中,忽视居民对步行要求与接近实际计算阈值的选择,也会导致对居民与社区公共服务设施之间的可达性评价误判。

2.2.4.3 基于公平与效率的社区公共服务设施评价研究成果大量被转化

国外的相关研究注重成果在实际生产与生活中的应用。政府、相关商业机构发起对居民满意度和社区公共服务设施服务绩效的评价,研究成果被运用到其服务管理中,并获取经济收益。我国的相关研究大多集中在对社区公共服务设施布局现状的评估、配置标准的探讨上,主要用于辅助政府决策部门对社区公共服务设施的规划。国内最初的公共服务评价主要服务于公共管理与企业管理,居民对社区公共服务设施的满意度与感知度仅能通过人均相关指标进行评价,难以真实地将社区公共服务设施使用的公平性与效率落实到实际生活空间内。另外,通过进行居民的满意度与感知度测量会存在因认知程度高低不同所引起的偏差,有必要结合测量的社区公共服务设施的实际空间布局现状进行验证,以保证满意度与感知度评价的可靠性。

综上所述,笔者认为,现阶段对城市社区公共服务设施的研究在系统性与可延展性方面仍有欠缺。此外,定性研究与定量研究相结合的紧密性仍应加强。除了在政策制度层面体现城市社区公共服务设施区位优化外,城市空间角度下的实用价值研究探讨也很重要。城市社区公共服务供给改革和实践亟须实现由政策体制管理逻辑向空间治理逻辑的转变。因此,城市社区公共服务设施区位研究对丰富我国公共服务空间研究层级及实践具有重要意义。首先,通过学科融合,构建符合我国社区特点的公共服务设施公平与效率的评价研究框架。其次,加强对城市社区公共服务设施使用人群特点、行为偏好的把握,结合居民实际社会经济背景,体现以人为本的导向。最后,加大理论成果到实际运用的转化,指导我国城市社区公共服务设施规划实践。

Chapter 3
第 3 章

社区公共服务设施区位影响因素分析

　　首先,遵循社区生活圈的内在逻辑,以"供—需—行"平衡为出发点,梳理了影响社区公共服务设施区位的关键因素;其次,分别从社区公共服务设施的供给主体、供给客体、区位环境等方面阐述了影响社区公共服务设施区位选择的表现。

3.1 基于社区生活圈的公共服务设施区位研究

3.1.1 生活圈体系的相关研究

生活圈通常被定义为以日常通勤范围为主的生活圈和生产圈。日本学者于1965年提出了广域生活圈的概念,于1975年提出了新生活圈(居住区、定住区、定居圈,相当于市域的定居圈)的概念,于1989年依据出行时间和居民日常生活行为提出由基本生活圈、基础生活圈、机会生活圈所构成的日常生活圈的三圈层结构。近年来,日本城市的相关规划中提出将城市基础生活圈再划分为徒步圈的一次生活圈与日常生活圈的二次生活圈。城市基础生活圈强调公共服务设施的可达性。其中,一次生活圈指以小学、社区公园、便利店等公共服务设施为中心点形成的步行可达区域;配套了中学、公园、商场、图书馆等更高等级的公共服务的若干一次生活圈将共同组成二次生活圈。将城市基础生活圈内的公共服务设施集中布局,形成服务的核心,再将这些服务核心作为节点,通过公共交通干线彼此连接,以城市作为中心辐射到一次生活圈与二次生活圈。

生活圈在中国的研究近十年来逐步兴起,从居住区规划到社区生活圈层规划的转型过程更加体现了我国城市空间规划已逐渐将人的需求作为规划核心,城市服务体系和支撑体系通过对人的行为模式的研究来重新构建。以人为本组织生活空间的规划是生活圈规划的本质,是实现资源优化配置的途径,是确保居民能够享有合法基本权利的保障。

我国在上海市最早实施了居民生活圈规划,分别在2014年提出上海市计划打造"15分钟社区生活圈",在2016年发布《上海15分钟社区生活圈规划研究与实践》。人的实际生活空间与需求是上海市居民生活圈实践的立足点,协调职业住宅与生活区,重点凸显社区公共服务和邻里关系。"上海15分钟社区生活圈"以小规模、低影响、渐进式、适应性为理念,通过对城市有机更新,营造城市的生命和文化底蕴,进而打造出美好社区。"上海2040"生活圈规划继续打造以"组团—邻里—单元"三个层级为主的上海市社区生活圈规划。居民生活圈规划有助于通过居民不同频率的行为活动来组织社区公共服务设施系统。首先,居民行为活动的特征与规律需要通过调研充分挖掘出来,并且结合居民的广泛参与和居民积极性的调动,对生活圈内居民的人口年龄结构进行确认,对各种人群的日常生活圈需求进行分类。其次,在对生活圈进行使用时,不同居民对不同功能公共服务设施的使用需求、使用次数、使用时间也有一定的差异,可以把需求量作为衡量标准,逐渐完善生活群体社区公共服务设施。除此之外,应对社区公共服务设施的组成和使用结构进行及时调整。最后,在对生活群体进行规划的时候,生活空间单元的类型也是需要考虑的,空间格局需要进行探讨,并选择最适宜的。居民的出行要求可以通过适宜的社区公共服务设施布局加以促进。

为了使社区规划的内容更适应社区生活,生活圈概念变得十分重要。生活圈概念促使传统社区公共服务设施规划模式发生重大转变,更具实践意义和可操作性规划内容。社区空间与社区公共服务设施整合规划的空间单元——生活圈,不是一个行政概念,也没有具体的行政边界,而是由街道作为实践单位,由基层行政组织进行统筹,借助社区建设的积极性共同来推进与维护的。

3.1.2 基于社区生活圈的公共服务规划的特点

从本质上来说,社区生活圈是社区空间的二次构建,居民与各类社区公共服务设施在空间和时间维度上进行互动。对空间问题进行分析和研究的主要角度是居民在时空维度的行为特征和行为在空间尺度上的差异性。

通过社区生活圈可以了解社区居民的生活空间,社区生活圈注重的是城市社区空间的动态变化,居民的生活空间可以由此更真实地反映出来。人的活动与社区空间的互动关系可通过生活空间方式的调查分析得出结论,同时逐步体现在居民日常生活中占比较大的社区公共服务设施上。传统社区的行政边界可以通过基于生活圈的社区公共服务规划进行有效突破,通过社区的自足性、共享性与不同居民的出行能力、约束性等因素相结合,对生活圈进行逐层细分,对社区空间进行二次建构。

社区生活圈体系是以步行为主要出行方式进行划分的,日常生活空间可以构造成连续共享的空间,因此,在步行尺度内进行社区公共服务设施的配置与布局会愈加完善。当社区步行尺度的空间范围和居民日常活动空间愈加趋于重合时,居民愿意出行;反之,如果社区公共服务设施距离较远,居民的活动空间就会产生一定程度的分散,居民生活社区尺度的公共服务设施便无法达到约束其活动范围的目标。

3.1.3 基于社区生活圈的公共服务规划的意义

基于社区生活圈的公共服务规划的意义在于居民可以在步行可达的范围内获取社区公共服务设施,概括来讲就是以"供—需—行"出发的公共服务设施协调发展在居民生活圈体系中得以实现。城市空间可以通过生活圈空间进行解构,居民在时间与空间维度上对有形的社区空间和无形的日常生活空间的反馈是城市空间解构的依据。现有的社区公共服务设施规划布局和供应现状对居民时空行为的影响提供了反馈。社区生活圈的内在逻辑见图3-1。

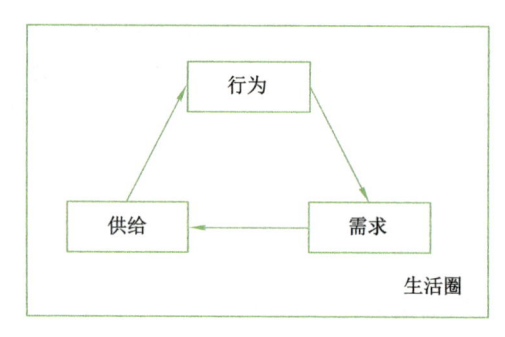

图3-1 社区生活圈的内在逻辑

供给是指城市中社区公共服务设施的布局模式与现状。居民可以采取步行或骑自行车等慢交通出行方式以获取社区公共服务设施。据此,可以通过对居民现阶段所在社区的公共服务设施布局模式与配置现状来了解居民在日常活动空间中的行为特征。

需求是指城市社区居民对公共服务设施的需求,分为共性与个性两个方面。社区公共服务设施的多样性、便捷性与高品质是居民共性需求的体现,当社区公共服务设施满足居民的基本社区服务需求时,居民可以对社区公共服务设施进行自由选择。同时,居民的共性需求基础上的个性需求也可以得到满足。此外,社区公共服务设施的应时性和可变性也是居民需求的体现,满足居民生活质量的动态诉求对于城市社区更新规划至关重要。

行为是指居民的日常活动,体现了居民日常活动空间的行为特征。社区具有物质属性,社区的物质属性是指社区空间。解构居民生活空间应先了解居民日常活动空间行为特征与社区空间特征,将居民生活空间划分成集生活、休闲、教育、医疗保健等更能体现居民日常生活特征的空间体系结构。

3.2 社区公共服务设施的主客体研究

在社区公共服务设施区位的研究中共存在两个主体。第一大主体为供给主体,按照前文对社区公共服务设施相关概念的界定,供给主体主要以政府为主,另外包括部分市场或社会组织。第二大主体为使用主体,主要指使用社区公共服务设施的居民。由于社区公共服务设施本身所具有的公共特性与服务特性,居民由不同的职业、年龄与收入的群体组成。两大主体面临着一个共同客体即社区公共服务设施。

从规划者的角度来对社区公共服务设施区位进行研究,除了需要了解每一类社区公共服务设施的基本属性,居民使用社区公共服务设施的具体需求需要了解。与此同时,政府或市场投资建设社区公共服务设施的模式与时序也需要考量。由于社区公共服务设施本身的复杂性与系统性等特征,以往的研究对其区位布局的相关要素分析往往从各主体所涉及的学科分别展开,造成了整体层面的社区公共服务设施区位研究的局限性。第一,规划者应该考虑真实的社会人,并不是要把社区公共服务设施规划主体的配套标准对象作为理性人来看待;应区分同一城市不同地区的居民对社区公共服务设施布局的差异化要求。第二,应考虑可以与现有规划对接或实际可操作性较强的社区公共服务设施用户主体的需求研究,而非复杂且深入的个人行为差异研究。第三,对社区公共服务设施供给主体进行的研究普遍强调在政府财政与体制等方面的供给模式的公平,忽视了其他衡量社区公共服务设施公平的角度,或深入考虑哪种层次上的公平性实现才是真正的公平,造成居民的实际需求难以通过自上而下的供给方式来体现。上述三个方面的相关研究既独立又相互联系。社区公共服务设施空间合理布局所面临的关键问题是科学搭建起关联两大主体内部各要素以及主客体间的桥梁。

3.3 社区公共服务设施区位影响因素研究

3.3.1 影响社区公共服务设施区位的关键因素

行政制约和历史条件是现有社区公共服务设施建设的根本影响因素，社区公共服务设施的功能性发挥以及公平与效率的实现均会受到这两个方面的限制。基于本章对社区公共服务设施的主客体的分析，本部分内容将社区公共服务设施区位因素进行分类，分类依据为主体、客体及主客体相互作用的环境。影响因素的一级分类为主体因素、客体因素及环境因素。区分各级影响因素的特点可划分更细致的层级。社区公共服务设施区位影响因素分析体系见图3-2。

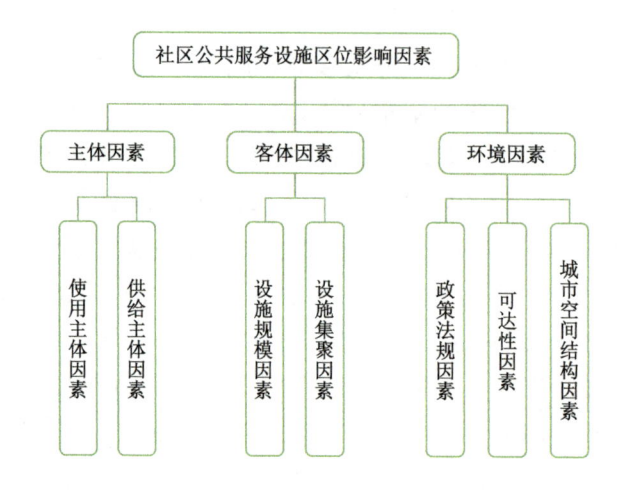

图3-2 社区公共服务设施区位影响因素分析体系

按照主体构成的不同，可将主体因素划分为使用主体因素和供给主体因素；按照社区公共服务设施自身的特征，可将客体因素划分为设施规模因素和设施集聚因素；由社会环境因素和自然环境因素构成的主客体以外的环境因素可划分为政策法规因素、可达性因素和城市空间结构因素。

3.3.2 社区公共服务设施主体对社区公共服务设施区位的影响

3.3.2.1 使用主体因素

城市社区公共服务体系的核心是人,社区公共服务设施的使用主体是居民,现代公共服务理念以居民为中心。该理念要求体现"以人为本"的理念,这种理念的确立带来了从以政府为中心到以居民为中心的转变。这种转变主要体现在社区公共服务设施区位决策思想方面。居民的可达性要求社区公共服务设施区位选择由使用主体决定,居民来衡量公平与效率。综上所述,可分别从居民需求和居民属性这两个层面分析社区公共服务设施区位的影响。

1. 居民需求因素

居民需求分为多样性需求、信息性需求、休闲性需求和便捷性需求(见图3-3)。

图3-3 居民需求构成

(1) 多样性需求

居民对社区公共服务设施的多样性需求可以直接影响社区公共服务设施的数量、种类与空间布局。社区公共服务设施种类多且复杂,包括教育、医疗、文化、体育、社会保障与福利等服务于基层的设施。想要获得丰富的居民生活,提高居民生活质量,带动地区活力与吸引力的多样化的社区公共服务设施,可以通过依照规划区内居民的多样化需求来修正普适化的社区公共服务设施配套标准来实现。

(2) 信息性需求

在高速发展的互联网时代,知识和信息是实现创新的主要因素,也是人类日常生活中必不可少的基础资源。人类生活方式受到信息的冲击正在发生改变,信息化社会中的居民拥有平等的权利去获取知识,例如文化服务站、老年活动中心等已成为信息社会中满足居民信息需求的重要社区公共服务设施。因此,政府通过完善社区公共服务设施的区位布局,使居民的信息性需求得到满足,同时社会生活状况、经济发展情况等不同层面的情况也能够得到提高,最后实现加快社会和谐发展的目标。

(3) 休闲性需求

休闲是人们解压的方式之一。居民可通过休闲需求实现自我充实和发展。当今社会无论是工作节奏还是生活节奏都较快,因此人们更加普遍、更加强烈地渴望休闲。得到身心休闲现已成为居民提高生活质量的途径之一。休闲空间主要包括阅览室、健身点、运动场、文化广场、活动中心等。目前,我国城市居民文化休闲能力较强,但一般普通大众休闲活动仍然受经济因素影响,普通大众主要去免费的城市休闲场所。根据笔者的调查结果,高达87%的居民前往阅览室以休闲放松为目的,闲暇时间选择的休闲方式主要是去广场、活动中心游览。因此,以休闲为目的的居民是社区公共服务设施的主要使用者。政府应以为居民的日常休闲提供充足、便利的场所为前提来确定社区公共服务设施的选址和布局。

(4) 便捷性需求

判断社区公共服务设施是否满足居民生活的便捷性应通过从居民点到社区公共服务设施点所需要的交通时间与交通方式的选择。随着社会的发展,居民的出行自由度有了非常大的提升,主要的出行方式包括步行或选择自行车、电动车、公交车、地铁、私家车等。这使得居民到达社区公共服务设施所需要的时间更短,使用社区公共服务设施的居民数量逐渐增多。在日常生活中,居民普遍优先选择步行或骑自行车,其次是乘坐公共交通或私家车抵达社区公共服务设施点。

2. 居民属性因素

居民属性由居民的人口密度、收入情况、文化程度、工作岗位、年龄分布等各类因素组成。不同的居民属性会对社区公共服务设施产生不同的使用方式与空间布局要求。首先,基础影响因素是人口数量及分布。是否修建相应规模的社区公共服务设施应根据区域人口数量来决定,从而保证投入的有效性。其次,收入状况对社区公共服务设施的区位布局具有主导性。相对来说,家庭经济状况较好的居民需求会更多,同时他们也愿意花更多的时间和金钱前往更好的社区公共服务设施点,且他们对于高效舒适的出行方式有着更自由的选择性;收入水平较低的居民在对社区公共服务设施的使用频率方面相对较低,大部分居民普遍会选择使用距离较近的社区公共服务设施。最后,从居住情况来看,居住人口年龄偏低的普通商品房与高档商品房,年轻人对文化需求较大且主要使用时间是在周末或节假日;居住人口偏老龄化的老居住区和拆迁安置居民区,老年人受身体因素影响,需要有就近的社区公共服务设施。从生活习惯看,城市周边、拆迁安置居民区,居民喜欢聚集在小区广场、空地、临街商铺前聊天、下棋、打牌等开展一些传统群居休闲活动。另外,社区公共服务设施的区位与布局还受居住用户的知识水平、社会地位等影响。

3.3.2.2 供给主体因素

政府在社区公共服务设施的区位决策中扮演着重要的角色,其价值观、意愿、目标往往决定着社区公共服务设施的区位。从政府的本质属性看,政府机构具有公共性,由政府承担社区公共服务设施的职责,其公平与效率可以尽可能得以保证。但在现实中,政府决策或公共政策所追求的公共利益的最优化会因一些客观问题而受阻。例如,社区公共服务设施的"郊区化"和老旧社区公共服务设施的拆除和外迁存在一定的经济效益最大化的因素。因此,政府作为社区公共服务设施的主要供给方,社区公共服务设施区位的价值取向受政府自身价值观、供给模式、供给能力的影响。

1. 政府自身价值观

公共服务理念和公平与效率价值观选择是受政府自身价值观影响的两个主要方面。

(1) 公共服务理念

服务型政府建设要求加快行政管理体制改革,政府应该坚持以人为本、以人民利益为本,政府价值观、行为和作风将随之发生转变。尽管我们已经普遍认同文化对于政治、经济的重要作用,但是短时间内,仍存在经济项目优先于公共服务的现象。经济项目发展通常选择交通便利、基础设施完善的地段,区位条件较差的地方多建设社区公共服务设施,这造成了居民对社区公共服务设施使用的不便、使用效率低下等问题。

(2) 公平与效率价值观选择

随着经济水平的不断提高,公平与效率关系问题成为构建和谐社会的主要问题之一,并且二者的关系一直处于一个动态发展的过程。"公平优先,兼顾效率"在建设社区公共服务设施过程中的地位逐渐提高,在保证居民生活水平的前提下,应争取实现效率最大化的公平。社区公共服务设施的提供形式与结果会受到政策的影响,比如政府对公平和效率关系的定义会在很大程度上影响着社区公共服务设施的提供方式,这会给居民带来差异性较高的区域位置布局。

2. 供给模式

我国政府公共机构负责基本公共服务供给,政府财政负担社区公共服务设施建设和运营资金。我国地方政府因为难以承受初始资金庞大的社区公共服务设施建设,且社区公共服务设施建设较难看到效益回报,因此地方政府缺乏投入的积极性。随着我国经济实力的发展,人民生活需求逐渐丰富,这就需要政府逐步细化社区公共服务设施供给标准。另外,政府可以通过激励投资的方式,让社会部门、机构或个人参与投资,参与到社区公共服务设施建设中来,使更多的资金可以被用来建设,非政府部门在决策过程中的地位逐渐上升。除此之外,政府还可引进合适的评价与激励机制,将评价意见归入提高社区公共服务设施数量、品质、方便程度、合理程度等方面,有效利用资金提供更多的社区公共服务设施,且优化社区公共服务设施区位,满足公共服务需求。

3. 供给能力

供给能力直接决定了社区公共服务设施供给的品质。供给方式在一定程度上决定了社区公共服务设施供给能力。受经济发展水平的影响,我国东南沿海等一些经济发达地区的社区公共服务设施建设投入较大,社区公共服务设施的利用情况也相对较好。从目前的社区公共服务设施建设现状来看,政府的财政投入总量明显不够,此项支出较为庞大,且纯公益性质的支出政府财政难以支撑。所以,政府需要不断找寻适合我国社会环境的不同类型的社区公共服务设施供给形式,以此来达到提高社区公共服务设施供给能力的目的。

3.3.3　社区公共服务设施客体对社区公共服务设施区位的影响

3.3.3.1　规模因素

造成社区公共服务设施规模差异的首要原因是地块的选择问题。城市用地紧张的趋势不断蔓延,很多社区公共服务设施难以选择到合适的建设用地,导致不少社区公共服务设施外迁城市边缘区,无法为居民提供高效服务,城市中心区内留下的多是规模较小、配置较差的社区公共服务设施。方便的交通是社区公共服务设施建设的基础,临近街道的位置是不应有建筑设施的,应将足够的空间缓冲地带留给社区公共服务设施点,以增强对居民的吸引力。

3.3.3.2　集聚因素

集聚和分散在某种程度上来说是相对的。范围较大的覆盖网络需要分散的社区公共服务设施,巨大的集聚效应来源于公共服务设施空间的合理集中。第一,社区公共服务设施供给的多样性和丰富性随着外界条件而改变,一般情况下合理的集聚可以增加社区公共服务设施的多样性和丰富性。集聚带来的结果包括:① 更加浓郁的生活氛围;② 对居民的吸引力增加;③ 空间的指向性更显著;④ 单项或多项的社区公共服务设施在居民出行中可以实现自由选择;⑤ 满足多重休闲体验。第二,社区公共服务设施的使用效率可以被提高。更强大的引力场随着社区公共服务设施集聚而形成,吸引更大区域范围内的居民,从而集聚地吸引更多的居民。另外,高密度的社区公共服务设施可以让居民同时享用多项服务,对其他社区公共服务设施的接触和了解也有所提高,居民的使用频率逐渐提高。第三,加强社区公共服务设施的可达性。服务水平较高的城区经常将社区公共服务设施进行集聚。此外,还可以将社区公共服务设施集聚的地区作为重要的公共区域。该区域交通便利,可达性好,公共交通比较发达,私家车可选择的停车位较多,步行、代步车、共享单车均十分便捷。居民可以根据自己的习惯选择合适的出行方式,以此来达到减少居民出行成本的目的。

3.3.4 社区公共服务设施区位环境因素

3.3.4.1 政策法规因素

政策的引导和支持是公共服务事业发展的前提,法律规章应该规范社区公共服务设施的规划、建设和管理,与公共服务相关的法律、法规、国家标准、国家政策即是此处所指的公共服务政策法规。我国公共服务政策的法律体系尚不健全,需要对文化政策进行细化和分解。由关注物到重视人的转变是政策法规变化中的显著特点。政策法规日益注重保障公民基本权益,使公共服务资源的配置向弱势群体倾斜,力求实现均等化。

3.3.4.2 可达性因素

社区公共服务设施空间可达性因素构成包括主体因素、客体因素、环境因素,其相互关联描述见图 3-4。可达性受到各方面原因的影响,结合前文对主客体的分析,本书将社区公共服务设施可达性进行三因素定义与分析(见图 3-5)。三因素指主体、客体以及主体与客体产生相互影响的外部环境。社区公共服务设施的使用者即为主体,居民需求和居民行为特性可以对可达性产生影响;社区公共服务设施即为客体,设施种类、设施规模、设施布局等对可达性造成不同影响;道路交通、社会环境及自然环境是主客体发生相互作用的环境,例如文化差异、城市特征等均对可达性具有一定的影响。

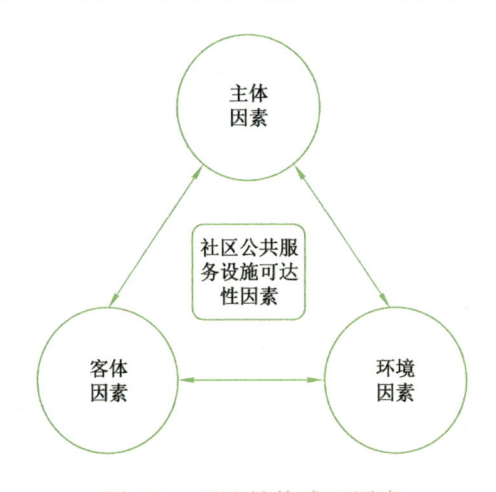

图 3-4 可达性构成三因素

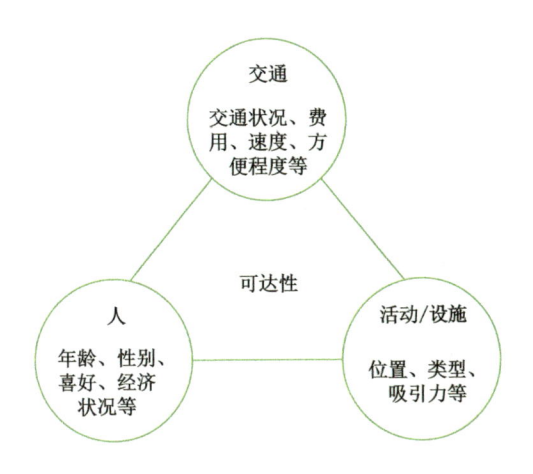

```
           交通
      交通状况、费
      用、速度、方
      便程度等


              可达性

   人                    活动/设施
年龄、性别、            位置、类型、
喜好、经济              吸引力等
状况等
```

图 3-5　三因素定义与分析

3.3.4.3　城市空间环境因素

1. 自然地理因素

地质状况、地形条件、水文条件、坡度、植被分布等是影响城市公共服务设施区位选择的自然地理因素，城市公共服务设施投资的成本和效益直接或间接受自然地理因素影响。

2. 土地划拨因素

城市人口密度大、土地有限且稀缺造成城市内部人地矛盾日益突出，除了土地自然因素外，经济因素与社会因素也成为土地等级、价格划分的影响因素。社区公共服务设施建设区位选择实质上是对土地价格、土地等级以及土地供需状况的选择，与此同时还受到政府调控手段的限制。我国公益性社区公共服务设施用地主要由政府划拨。在土地财政利益驱动下，有时个别地方政府会优先考虑将人口密集、交通便捷的地块划分为商业用地，社区公共服务设施用地则划分在边缘区或依附于商业开发的地段，从而达到降低社区公共服务设施建设成本的目的。这种区位选址往往没有考虑到居民的实际使用需求，造成社区公共服务设施资源浪费与配置错位。

3. 城市经济空间结构因素

社会经济客体在空间中的特征及相互作用是经济空间结构。社区公共服务设施区位的影响因素之一是城市经济空间结构,经济客体的集聚规模和集聚形态对社区公共服务设施的引力作用是其外在表现,而巨大的人流量也随着休闲、娱乐、购物等经济实体的集聚而聚集。社区公共服务设施成为越来越多用户休闲娱乐和消遣的工具。自身功能较为单一的社区公共服务设施对用户基本没有吸引力,其他各级各类社区公共服务设施结合可以实现功能上的互补,并且可以很好地满足用户多目标出行的需求,起到了相互促进的作用。

Chapter 4
第 4 章

社区公共服务设施区位评价体系与模型

首先，基于公平内涵建立社区公共服务设施空间公平性基础评价模型；其次，为保证模型能够更准确地反映实际情况，对基础模型给出进一步的解释；最后，利用问卷调研方法，阐述基于居民感知可达性分析的问卷评价方法与过程，从而对社区公共服务设施空间的服务效率进行评价。

4.1 社区公共服务设施区位评价体系框架

4.1.1 区位评价的基本原则

4.1.1.1 以可操作性为出发点

社区公共服务设施区位评价选取的指标和数据应简明扼要且易分析操作，选取的指标应尽可能与现状数据资料统一且符合实际调研情况，确保采集到的数据资料可以清晰地进行量化结果分析与对比。针对研究对象本身的特征选取操作模型，在模型实际运用时，应从难易度与完整度两个方面对参数调节进行考虑，从而基于定量评估实现对定性评估的完善。

4.1.1.2 以多元主体之间相协调为中心

公平性是社区公共服务设施区位评价的核心理念。基于对各主体的分别考量，供给主体因价值取向的分歧会直接导致最终的社区公共服务设施区位布局结果偏向于利益群体方；用户主体则通常会将更多的注意力集中在与自身需求相关的方面，从而忽略在城市整体发展层面的思考。以上状况，在对社区公共服务设施区位评价体系进行构建的过程中应注重科学性以及合理性，并应有效协调各主体。

4.1.1.3 以居民偏好度与满意度为导向

社区公共服务设施布局的目的是满足用户主体居民的需求，因此以居民的满意度和行为偏好作为评价导向是体现布局合理性的原则之一。在综合评价中需要了解现有社区公共服务设施的布局是否考虑了居民的群体性差异，居民所在的小区类型以及居民对社区公共服务设施的需求层次。居民对各类社区公共服务设施的自身需要以及偏好自由所体现出的空间行为特征，一方面可以评估社区公共服务设施空间的现有服务能力，另一方面还可以指导后期的社区公共服务设施规划布局与建设。

4.1.2 评价对象的选取

作为公共服务产品，社区公共服务设施的特征具有公共性与服务性，可具体分为基础设施和附属设施。基础设施包括基础建设设施(公路、铁路、通信、水电煤等)和社会性基础设施(教育、科技、医疗卫生、体育、文化等社会事业)。本书中提及的社区公共服务设施是指城市主城区具有行政建制的社区范围内的社会性基础设施。结合徐州市各类社区公共服务设施的配建标准、徐州市城市总体规划,基于前期调研,综合考虑行政区划、服务半径以及实际可实施性,本书将以基础教育类社区公共服务设施——幼儿园;基本医疗类社区公共服务设施——卫生服务站;公共文化类社区公共服务设施——文体活动中心;公共体育类社区公共服务设施——健身公园;社会服务类社区公共服务设施——居家养老服务中心、农贸市场选取作为评价对象。徐州市社区公共服务设施功能配置规范见表 4-1。

表 4-1 徐州市社区公共服务设施功能配置规范

类别	服务项目	服务规模 /万人	一般规模	
			建筑面积 /(人·m^{-2})	用地面积 /(人·m^{-2})
基础教育	幼儿园	1	9	16
基本医疗	卫生服务站	1	150	
公共文化	文体活动中心	社区全体居民	≥300	≥1 000
公共体育	健身公园	—	—	≥1 000
社会服务	居家养老服务中心	0.2	新建住宅小区按每百户 20～30 m^2 配建,已建成住宅区无养老服务设施或现有设施未达到标准的按每百户 15～20 m^2 标准调剂解决;最低面积不少于 200 m^2	
	农贸市场	1～2	3 000～6 000	1 000～6 000

4.1.3 评价体系构建

4.1.3.1 公平与效率的价值取向

公共服务本质上是一种集体消费现象。在改革开放之前,公共服务作为稀缺资源,其分配原则是将"效率"优先于"公平",以"千人指标"或"万人指标"等均质化标准在区域内进行资源配置。这一阶段的公共服务资源是在强调低水平数量上的平均化分配,并未考虑到公共服务在品质上的公平性。

居民的收入差异、偏好差异等会导致差异化的公共服务供给,从而影响城市居民的生活平等性。基于新公共服务视角,公共服务设施在"量"与"质"均等的基础上配置要兼顾公平与效率,在社会的整体范围内做到真正的公平,实现城市内部的相对公平。

作为公共资源的社区公共服务设施可从广度与深度两个层面进行区位布局的评价分析。广度层面上,一方面,通过梳理社区公共服务设施区位影响因素,以社区公共服务设施主客体区位影响因素为导向,同时结合城市和社区发展水平以及相关体制政策,探讨主客体影响因素相互协调所带来的公平与效率的合理关系;另一方面,对使用主体——居民视角下感知可达性的影响因素进行分析,通过问卷与量表设计,认识居民主观层面上对社区公共服务设施空间供给的感知及使用过程中的能动性。在掌握居民社会经济属性基本情况的基础上,进一步了解社区公共服务设施使用效率、个体行为偏好等内容,把握影响居民对社区公共服务设施空间感知可达性的主要影响因素、使用社区公共服务设施的需求度与满意度差异。广度层面的分析研究是构建社区公共服务设施区位评价体系的重要基础内容,为后续的研究奠定了基础。

深度层面上,是指社区公共服务设施应涵盖居住于不同居住区、具有不同社会经济属性的居民的生活行为、活动等内容。一方面,空间配置公平,要在保证社区公共服务设施质量均等的前提下将同等的使用机会分配到每一个居民,这是城市内部区域公平与居民的个体机会公平;另一方面,提高公共服务效率,社区公共服务设施的空间布局与其自身功能的匹配程度,即与居民实际感知的匹配程度,反映出社区公共服务设施的空间服务效率。社区公共服务设施区位评价指标选取是构建深度层面的社区公共服务设施区位布局公平与效率评价的重要内容。

4.1.3.2 综合评价框架

综上所述,本章绘制了社区公共服务设施区位综合评价框架,见图4-1。

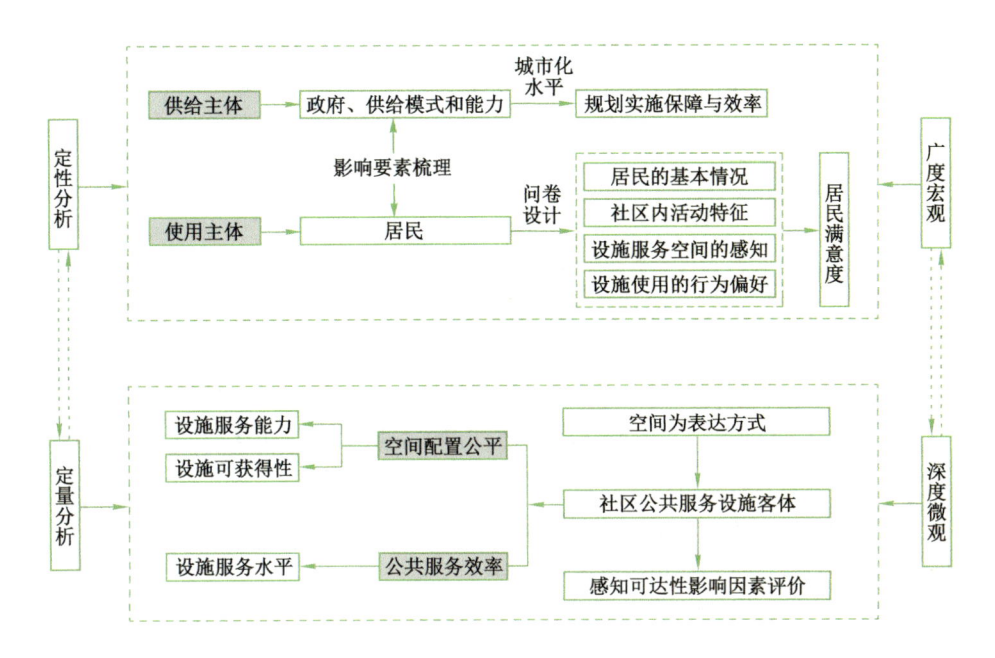

图 4-1　社区公共服务设施区位综合评价框架

4.2　空间公平性评价模型

可达性的计算方法最早出现于 20 世纪 50 年代，主要是用来描述区域之间的交通联系程度、交通网络节点间的相互作用机会以及社会现象的空间变化。城市公共服务设施空间可达性是指城市居民借助交通工具和道路来接近社区公共服务设施、获取服务的便捷程度，以及城市公共服务设施与社会居民之间互相影响、互相作用的关系。通过可达性分析可得出区域内的公共服务能力的强弱或数量供给不足的社区公共服务设施。

根据前文对社区公共服务设施概念以及公平与效率价值取向的介绍，社区公共服务设施配置公平性的评价模型构建最终落实在社区公共服务设施的服务范围与居民点之间的相关关系上。本书从机会获得的角度对社区公共服务设施可达性进行理解：社区公共服务设施可达性指居民在一定的出行范围内，能够获得就学、就医、休闲等服务机会的数量；可获得机会的数量越多，表明该区域内社区公共服务设施的空间可达性越高。选取城市总体规划资料中居住用地来表明居民分布的现状。居民出行范围是指在社区生活圈内,居民可通过步行的方式获取满足日常的基本服务需求,可每日或短时多次使用的社区公共服务设施。

4.2.1 公平性评价基础模型

4.2.1.1 假设条件

本书对居民使用社区公共服务设施以及社区公共服务设施自身属性进行了以下四点假设。

(1) 居民选择社区公共服务设施时以邻近设施为最佳选择对象,满足就近原则。

(2) 居民使用社区公共服务设施以家为起点。

(3) 居民在使用社区公共服务设施时选择步行。

(4) 等级相同的各类社区公共服务设施之间服务水平相同。

4.2.1.2 两步移动搜索法

两步移动搜索法分两步进行。

第一步,将供给点 j 设为中心点,计算供需比 R_j:

$$R_j = \frac{S_j}{\sum_{k \in \{d_{kj} \leqslant d_0\}} D_k} \tag{4-1}$$

式中,d_0 表示阈值,即限制条件;d_{kj} 表示供给点 j 与需求点 k 间的出行距离;D_k 表示搜寻域内所有需求点($d_{kj} \leqslant d_0$)的总需求;S_j 表示 j 点的总供给。

第二步,将需求点 i 设为中心点,计算可达性 A_i:

$$A_i = \sum_{j \in \{d_{ij} \leqslant d_0\}} R_j = \sum_{j \in \{d_{ij} \leqslant d_0\}} \frac{S_j}{\sum_{k \in \{d_{kj} \leqslant d_0\}} D_k} \tag{4-2}$$

式中,d_{ij} 表示需求点 i 与供给点 j 之间的出行距离。随着 A_i 值的增长,需求点 i 的可达性也表明更好。

4.2.1.3 改进的空间评价模型

相较于一般的两步移动搜索法,本书着重将距离衰减作用考虑进可达性模型。

$$A_i = \sum_{j=1}^{n} \frac{S_j f(d_{ij}) K_j}{\sum_{k=1}^{m} D_k f(d_{kj})} \quad (4-3)$$

$$f(d_{ij}) = \begin{cases} d_{ij}^{-\beta}, d_{ij} \leqslant d_0 \\ 0, d_{ij} > d_0 \end{cases} \quad (4-4)$$

该模型中，A_i 表示居民点 i 到达社区公共服务设施的空间可达性，即社区公共服务设施点服务能力之和；S_j 表示社区公共服务设施点 j 的服务能力；D_k 表示范围内所有居民点的总人口数量；d_{ij} 表示居民点 i 到社区公共服务设施点 j 之间的距离，d_{kj} 表示社区公共服务设施 j 到居民点 i 之间的距离；n 和 m 分别表示该类社区公共服务设施的数量和人口居住点数量；β 表示出行的摩擦系数，沿用已有研究成果，令 $\beta=1$ 进行研究；K_j 表示社区公共服务设施点 j 的需求指数，参照居民需求度得分权重。

4.2.2 评价指标

4.2.2.1 服务覆盖率

社区公共服务设施的服务范围总面积在研究区域总面积中的占比为服务覆盖率。服务覆盖率主要用来说明各类社区公共服务设施的覆盖率差异以及不同区域之间的服务覆盖率差异。服务覆盖率越高，则表明该类社区公共服务设施的空间布局较为均等，可获得的面积较广。

$$F = \frac{\sum PA}{A} \quad (4-5)$$

式中，F 表示服务覆盖率；$\sum PA$ 表示社区公共服务设施服务范围总面积；A 表示研究区域的总面积。

为了更直观地观察各类社区公共服务设施的平均可达性情况，本书以每 5 min 作为时间间隔，将平均可达时间划分为 5 min 以内、5~10 min、11~15 min、16~20 min、21~30 min、大于 30 min 共 6 个时间段来计算。依据居民生活圈及居民步行可达范围，将从各居民区出发步行 30 min 以内可以到达的社区公共服务设施之间的距离，认定为该类社区公共服务设施的服务覆盖能力。

4.2.2.2 服务人口比

服务人口比计算公式如下：

$$服务人口比 = \frac{居民点人口总数 - \sum 居民盲点人数 \times 需求值}{居民点人口总数} \times 100\% \tag{4-6}$$

式中，需求值表示当居民点可达性小于合格范围（$A_i < 6$），居民点的需求值 $= 6 - A_i$。

4.2.2.3 居民点可达性等级

居民点可依据实际可达性得分情况划分成 6 个等级（见表 4-2），由可达性合格与可达性不合格两大类等级组成。可达性合格主要分为以下 4 个等级：优秀（$A_i \geqslant 20$）、良好（$10 \leqslant A_i < 20$）、一般（$8 \leqslant A_i < 10$）、较低（$6 \leqslant A_i < 8$）。可达性不合格主要分为以下两个等级：可达性差（$0 < A_i < 6$）、可达性盲点（$A_i = 0$），即未获得公共服务。

表 4-2 居民点可达性等级表

可达性范围	可达性等级	
$A_i = 0$	不合格	盲点
$0 < A_i < 6$		差
$6 \leqslant A_i < 8$	合格	较低
$8 \leqslant A_i < 10$		一般
$10 \leqslant A_i < 20$		良好
$A_i \geqslant 20$		优秀

4.3 空间自相关模型

依照前文所构建的社区公共服务设施区位评价体系，评价的最终目标是在区位这一平台落实供给主体与用户主体的要求，并协调两者供需关系，以达到主体协调均衡的状态。因此基于社区公共服务设施区位评价框架，还需从供给主体的视角对社区公共服务设施区位评价模型进行进一步的解释。

4.3.1 空间自相关

为了便于对比分析研究区域内部公平性差异,本书借用空间自相关模型对空间可达性数值进行评价。空间自相关分析用于验证对空间位置上一个要素点观测值与其空间相邻另一要素点观测值的关联性是否显著。空间自相关包括空间正相关、负相关以及零相关。空间自相关主要分为全局空间自相关与局域空间自相关。本书选用局域自相关 Moran's I 指数,表示每一个局域服从全局总趋势的程度,揭示公共服务可达性的空间异质。

全局 Moran's I 的计算公式为:

$$I = \frac{\sum_{i=1}^{n}\sum_{j=1}^{n}W_{ij}(X_i-\overline{X})(X_j-\overline{X})}{\sum_{i=1}^{n}\sum_{j=1}^{n}W_{ij}(X_i-\overline{X})} \tag{4-7}$$

式中,n 表示区域内居住点个数;X_i 和 X_j 分别表示 i、j 两个居住单元的各类社区公共服务设施可达性;$\overline{X}$ 表示各居住单元各类社区公共服务设施可达性的平均得分;W_{ij} 表示空间权重。

局域 Moran's I 的计算方法是将全局 Moran's I 分解到局域空间上:

$$I_i = \sum W'_{ij}Z_iZ_j \tag{4-8}$$

式中,Z_i 和 Z_j 表示观测值的标准化值,W'_{ij} 表示空间权重的标准化值。

选用局域 Moran's I 指数对空间自相关的分析结果为空间正相关与空间负相关。其中,空间正相关模式可分为:当 $I_i>0$ 时,表示特征值相似的区域空间分布呈现"高值"或"低值"集聚两种类型;空间负相关可分为:当 $I_i<0$ 时,表示特征值不相似的区域空间分布呈现"低—高"或"高—低"集聚两种类型。

4.3.2 社区公共服务空间类型划分

按照空间自相关的 4 类相关类型,在整体研究区域范围内城市社区公共服务空间的公平性有两种情况。当 $I_i>0$ 时,表示社区公共服务空间区域公平,但包含高水平的均衡与低水平的均衡。高水平均衡是指"高—高"类型,相邻的居民点社区公共服务设施的公平性较高。低水平均衡是指"低—低"类型,相邻的居民点社区公共服务设施的公平性较低。当 $I_i<0$ 时,表示社区公共服务空间区域不公平。本书结合分析结果,总结凝练出社区公共服务空间的分类。

4.3.2.1 成熟型社区公共服务区

成熟型社区公共服务区是指社区公共服务设施的供给数量可以满足绝大部分居民的需求,且与居民点空间分布相协调,交通、道路等配套相对完善,用地结构相对稳定,居民享有社区公共服务的优势并未因人口拥挤等因素而下降。这些地区的社区公共服务设施已开始由均等化向优质化发展。

4.3.2.2 过渡型社区公共服务区

过渡型社区公共服务区是指社区公共服务设施分布数量少、质量低,但人口密度相对不高,当前社区公共服务设施配置尚能满足居住片区人群对公共服务的需求。

4.3.2.3 滞后型社区公共服务区

滞后型社区公共服务区是指社区公共服务设施的公共服务不能满足居民需求,区域内存在服务盲区。此类社区公共服务区有两种情况:第一种情况是配置的社区公共服务设施多,且社区公共服务设施的使用效用相对较高,但片区内人口过度拥挤,或者片区内存在较为复杂的人群结构和自然环境。该情况下需要以疏散片区人口为主,优化社区公共服务设施空间布局选址,与居住用地、道路交通等结构紧密结合,减少区域间的服务差异。第二种情况是社区公共服务设施配置与人口密度都较低,居民不能便捷享有社区公共服务设施的片区,未来应以提高社区公共服务设施数量与质量为主。

4.3.2.4 失衡型社区公共服务区

失衡型社区公共服务区是指社区公共服务设施分布数量与质量可以满足居民基本需求,但社区公共服务设施布局与居住用地结合不够紧密,造成服务范围重合的资源浪费现象。

4.4 基于居民感知可达性问卷评价

4.4.1 感知可达性的维度结构选取

4.4.1.1 感知可达性的内涵

空间可达性作为一项定量化的指标,是城市社区公共服务设施空间结构评价中一个较优的测度。事实上,尽管社区公共服务设施规模与数量建设在不断优化,但依旧难以达到为居民提供高质量服务的标准。因此,仅从客观层面对可达性进行解读,难以持续推进社区公共服务设施的"可达性再生"。基于使用主体,即从居民心理的主观层面,分析社区公共服务设施的可达性感知,以获取社区公共服务设施服务水平高低的情况,实现对社区公共服务设施效率评价。若居民对居民点附近的社区公共服务设施可达性较为满意,则说明居民对附近社区公共服务设施空间有着较高的感知可达性;若居民对居民点附近的社区公共服务设施可达性不满意,则说明居民对附近社区公共服务设施空间有着较低的感知可达性。

4.4.1.2 维度结构选取

本书借鉴步行空间感知的可达性影响因素模型的构建思路,把城市街道空间系统背景下社区公共服务设施空间的感知可达性解读为居民对社区公共服务设施空间的视觉识别性、可进入性、可吸引性、行为态度的总体评估。

感知角度下的视觉识别是指客观事物经过视觉分析和心理加工后形成的空间构图及其再确认过程。一般而言,公共服务空间与城市整体空间之间建立视觉联系可以通过公共服务空间内舒适的公共服务设施布置或可辨识的景观风貌进行增强。从理论角度看,可进入性具有多样化表现,本书从交通层面考虑,认为公共服务空间应该是"进得来、散得开"。心理吸引性是居民的情感判断,居民因不同的爱好特征而产生的前去体验的愿望。如果公共服务空间无法引起居民的兴趣,空间更新就会失去持续发展的动力,本书将类似的情感判断称为心理可达性感知。此外,真正具有可达性特征的公共服务空间,是指居民在使用的过程中按照自身需要以及偏好自由体现出的空间行为特征。这一特征主要由活动特征、动机等构成,本书将其概括为行为可达性感知。

综上所述,社区公共服务设施的空间感知可达性具有多维性,是物质环境感知、心理感知与行为偏好感知的有机融合。为避免在社区公共服务设施空间感知可达性维度结构之间发生重叠,本书将居民对物质环境感知与心理感知统称为社区公共服务设施空间的空间环境感知维度,行为偏好感知称为社区公共服务设施空间的行为感知维度。

4.4.1.3 感知可达性评价

感知可达性评价,指居民对社区公共服务设施空间可达规模高低的感知,即居民对居住区内的社区公共服务设施空间的满意程度。评价数据的获取主要采用量表设计与调查问卷,在问卷中将问题设置为"您对社区整体公共服务设施空间使用是否满意?"该题项有 A 非常满意、B 满意、C 一般、D 不满意、E 非常不满意等 5 个不同级别评价。为了方便后续的数据统计,本书将该题项中 D、E 两个选项合在一起,然后将 4 个级别的评价分别确定为 8 分、6 分、4 分、2 分,继而计算出样本居民打出的分数。各社区样本居民所打分数的平均值即为该社区公共服务设施空间的感知可达性得分。

4.4.2 问卷数据收集

4.4.2.1 调研方法

定量与定性研究相结合是本书所采取的调研方法。通过问卷调查法对居民所在社区公共服务设施空间内的活动行为特征、行为偏好以及空间感知等研究数据进行收集,并将居民的社会经济属性特征列入问卷调查内容。

4.4.2.2 正式调研

确定调研问卷后展开全面的社区公共服务设施问卷调研。为保证调研最终结果的覆盖性以及科学性,在调研之前首先要确定调研的居民点,居民点的选择分别从房价、区位、规模等方面着手选取,尽量做到本书所确定的调研范围内空间上的全覆盖以及居住区类型的全覆盖。同时,考虑到问卷发放人员人数的限制,每个小区发放问卷的数量为 10~15 份。该数量的选取基于之前大量的调研经验所得,基本能够保证问卷内容真实反映该小区的实际情况。调研问卷见附录。

4.4.2.3 问卷分析法

问卷描述性题项的设计,采用李克特 5 级评分量表,每题下设"很不满意""不太满意""一般""比较满意""满意"等 5 个选项。首先,确保样本数据的信度和效度,数据分析利用 SPSS 分析软件中的 KMO 和巴特利特球形检验;其次,对模型进行全方位和多维度的综合分析,使用探索性因子分析法和验证性因子分析法,确保分析结果能够充分体现实际情况;最后,对各感知维度中各感知因子的相互关系进行相关性分析。

Chapter 5
第 5 章

社区公共服务设施感知可达性影响因子统计分析

首先,对问卷数据与居民在社区公共服务设施空间的活动基本特征进行描述;其次,利用相关性分析与回归分析方法来评判感知可达性评价中的影响因子并探知其彼此间存在的关联,从中确定出对感知可达性评价影响最为突出的因子;最后,通过差异分析,了解具有不同属性特征的居民对社区公共服务设施需求及行为偏好的差异。

5.1 社区公共服务设施空间活动基本特征

5.1.1 数据的收集与描述

2017年12月—2018年1月,调研组分工作日和双休日两个时间段,对7个街道展开实地调研。此次调研中填写的问卷共计700份,回收了683份,回收率约为97.6%。在分析排查了未达到填写标准的调查问卷后,共计635份有效问卷,有效回收率(有效问卷数/实际回收问卷数)为92.9%。调查样本构成见表5-1。

表5-1 调查样本构成

	类别	人数	比例/%		类别	人数	比例/%
性别	男	268	42.2	学历	初中及以下	16	2.5
	女	367	57.8		高中	41	6.5
年龄	20岁及以下	52	8.2		大专或本科	542	85.4
	21~30岁	282	44.4		研究生及以上	36	5.7
	31~45岁	257	40.5	家庭月总收入	2 000元及以下	18	2.8
	46~60岁	41	6.5		2 001~5 000元	89	14.0
	61岁及以上	3	0.5		5 001~10 000元	217	34.2
家庭构成	单身独住	68	10.7		10 001~20 000元	216	34.0
	单身和父母同住	142	22.4		20 001~50 000元	91	14.3
	已婚,夫妻独住	61	9.6		50 001元及以上	4	0.6
	已婚,夫妻携子女(最小子女未满12岁)	273	43.0	职业	公务员	26	4.1
					科教文卫领域人员	31	4.9
	已婚,子女已成年,但仍同住	33	5.2		企事业人员	294	46.3
					专业技术人员	114	18.0
	已婚,子女已成年且已独立生活	8	1.3		工人、销售人员	27	4.2
					私营业主	24	3.8
	已婚,三代以上同住	40	6.3		离退休人员	11	1.7
	离异、丧偶	10	1.6		学生	90	14.2
	其他	0	0.0		其他	18	2.8

注:表中数据四舍五入取约数。

从表 5-1 可知,样本中女性相对较多,占比约 57.8%;就年龄而言,样本中 21～30 岁占比约 44.4%,31～45 岁样本占比约 40.5%;在学历分布上,样本基本上为大专或本科学历,占比约 85.4%;在职业上,约 46.3% 的样本为企事业人员,而专业技术人员占比约 18.0%;在家庭月收入上,在 5 001～20 000 元范围内的样本占比约 68.2%;另外,从家庭构成上看,约 43.0% 的样本家庭类型为夫妻携子女家庭。

5.1.2 活动时间特征

5.1.2.1 活动时间总量特征

工作日和休息日可自由支配时间统计量见表 5-2。样本居民在工作日期间的平均可自由支配时间为 2.964 h,休息日期间的平均可自由支配时间为 5.921 h。可以看出,大多数居民很少选择在工作日期间进行各种社区公共服务设施空间内休闲活动,而较为倾向周末时光。

表 5-2 工作日和休息日可自由支配时间统计量

统计量(N)	工作日/h	休息日/h
均值	2.964	5.921
标准差	1.687	2.601
方差	2.846	6.764

注:$N=635$。

5.1.2.2 活动频率特征

样本居民各自参与不一样的社区活动,每周在社区公共服务设施空间的活动频率,具体数据见表 5-3。由表 5-3 的信息可知,样本居民每周参与活动的次数主要为 2～3 次,其中,每周参与 2 次社区活动的样本居民占比约 25.4%,次数达 3 次的占比 23.0%,而每周参与 7 次及以上的样本居民占比仅约 5.2%,但各类型活动的频率总体上并没有显著差异。整体来看,样本居民参与活动量一般。

表5-3 样本居民在社区公共服务设施空间的活动频率(周)

次数/次	频数	占比/%
<1	68	10.7
1	111	17.5
2	161	25.4
3	146	23.0
4	64	10.1
5	43	6.8
6	9	1.4
7	16	2.5
>7	17	2.7
合计	635	100.0

注：表中数据四舍五入取约数。

5.1.2.3 活动时段与时长

由于受社区公共服务设施点开放和使用的时间限制，以及居民自身可支配时间的影响，从调研总体情况来看，居民大多会选择晚间时段去社区公共服务设施点活动，其他时间段活动比例并不高。晚间时段集中在17～21点，且休息日与工作日并无太大差异。居民更倾向于在19～21点活动。居民在社区公共服务设施空间的活动时段特征见图5-1。

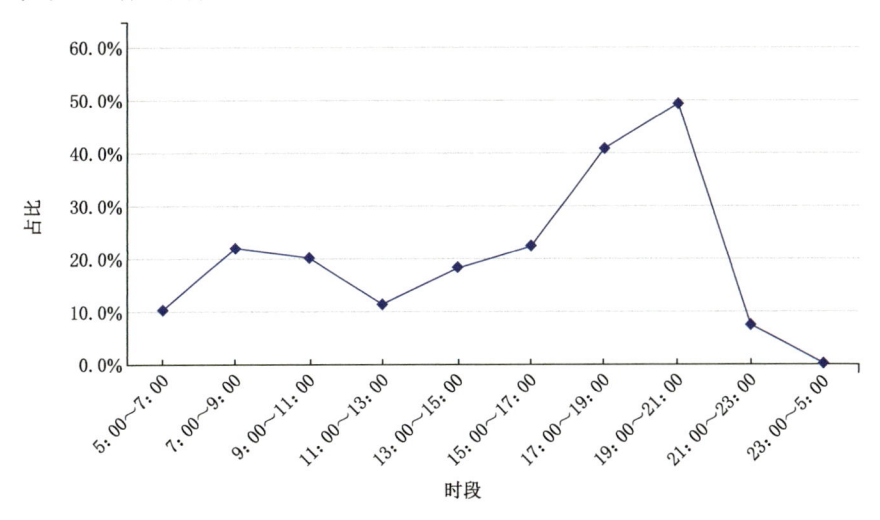

图5-1 居民在社区公共服务设施空间的活动时段特征

5.1.3 活动空间特征

5.1.3.1 活动出行距离

通过对居民社区活动特征调查分析得知,即使现代交通较为发达,空间距离已经不再是获取公共服务最主要的影响因素,但居民对活动空间的选择很少受项目多样化倾向的影响,仍多在自己最熟悉的社区空间范围内进行活动。

居民活动空间的出行距离和居民到达活动场所花费的时间见表5-4和表5-5。从表5-4和表5-5可知,从活动空间中居民活动出行距离来看,大多数居民出行距离在 1 500 m 以内,主要集中在出行时间 15 min 以内的场所(占比约 57.5％),其次是出行时间花费在 16～30 min 可达到的场所(占比约 31.5％)。而选择超过 2 500 m 以外,且出行时间花费在 45 min 以上的居民仅约占样本居民的 8.3％ 以及 3.9％。

表 5-4 居民活动空间的出行距离

距离/m	频数	占比/％
≤300	48	7.6
301～500	115	18.1
501～1 000	215	33.9
1 001～1 500	140	22.0
1 501～2 500	64	10.0
2 501～5 000	34	5.4
5 001～10 000	14	2.2
>10 000	5	0.8
合计	635	100.0

注:表中数据四舍五入取约数。

表 5-5　居民到达活动场所花费的时间

时间/min	频数	占比/%
≤5	58	9.1
6～15	307	48.3
16～30	200	31.5
31～45	45	7.1
46～60	20	3.1
>60	5	0.8
合计	635	100.0

注：表中数据四舍五入取约数。

5.1.3.2　活动空间选择

通过对社区公共服务设施空间的观察，样本居民大多选择以下三类空间作为休闲活动的主要区域。① 道路建筑物外沿空间，例如路边休憩空间（占比约 61.1%）、公共座椅（占比约 58.9%）。此类空间可供居民进出、驻足、浏览公告橱窗信息、打电话、点头交谈等，并且当空间中设置遮阳棚或有较为安静的角落时，这些空间的使用率便会提高。② 供行人通行的街道空间（占比约 60.5%）以及公交车换乘空间（占比约 42.4%），人们来到此类区域会停下脚步，在人流中暂时停留。③ 大多数静态和社会性活动（例如坐憩、观察他人、阅读、饮食、聊天、交际、睡觉、玩游戏、儿童玩耍、听音乐等）发生场所，例如街区广场（占比约 70.7%）、绿化空间（占比约 65.0%）、健身空间（占比约 47.6%）、滨水空间（占比约 12.6%）。此类空间设施齐全，包括有固定的长凳、树木、垃圾桶、路牌、护栏、广告牌等各种社区公共服务设施和物品。居民活动空间场所选择见表 5-6。

表 5-6　居民活动空间场所选择

选项	频数	占比/%
街区广场	449	70.7
绿化空间	413	65.0

表 5-6(续)

选项	频数	占比/%
路边休憩空间	388	61.1
街道(人行空间)	384	60.5
公共座椅	374	58.9
健身空间	302	47.6
公交车换乘空间	269	42.4
滨水空间	80	12.6
其他	23	3.6

5.2 影响因子整理与分析

5.2.1 空间环境感知维度的因子分析

根据前文分析,基于对社区公共服务设施空间发展的实践性考察,并参考相关研究成果,设计空间环境感知基础评价量表,量表题项设定为 32 项,并利用探索性因子分析法进行降维分析。

分析显示,KMO 值为 0.862>0.8(见表 5-7),并且通过巴特利特球形检验,巴特利特球形检验的近似卡方值是 1 458.786(显著性为 0.000),表明该量表适合进行因子分析。公因子方差解释变量表见表 5-8。

表 5-7　KMO 和巴特利特球形检验

取样足够度的 Kaiser-Meyer-Olkin 度量		0.862
巴特利特球形检验	近似卡方值	1 458.786
	自由度值	66.000
	显著性	0.000

表 5-8 公因子方差解释变量表

题号	解释因子	初始公因子方差
B1	公共服务空间内步行、车行、治安等环境安全性	1.000
B2	公共服务空间内夜间照明设施数量、布局	1.000
B3	公共服务空间内防晒、遮雨的顶棚数量	1.000
B4	公共服务空间内人行道宽度	1.000
B5	公共服务空间内可供休息、聊天、赏景的小空间	1.000
B6	公共服务空间内休憩设施(座椅、凉亭等)的种类、数量、布局	1.000
B7	公共服务空间内嗅觉环境(气味)舒适度	1.000
B8	公共服务空间内听觉环境(噪声、音乐、广告声)舒适度	1.000
B9	公共服务空间内视觉环境(绿化、装饰、颜色)舒适度	1.000
B10	觉得参与公共服务空间活动让您的人际社会关系更紧密	1.000
B11	觉得在参与公共服务空间活动过程中能获得自我价值	1.000
B12	觉得在参与公共服务空间活动过程中能获得归属感	1.000
B13	公共服务空间的步行舒适度	1.000
B14	公共服务空间的开敞性	1.000
B15	公共服务空间色彩的舒适性、趣味性	1.000
B16	公共服务空间的活动便捷性	1.000
B17	到达公共服务空间活动的时间成本(时长/花销)	1.000
B18	公共服务空间内的引导标识	1.000
B19	公共服务空间的无障碍设施数量、布局	1.000
B20	公共服务空间的商业设施种类、数量、布局	1.000
B21	公共服务空间的健身设施种类、数量、布局	1.000
B22	公共服务空间内社区图书馆、棋牌室等文化设施数量、布局	1.000
B23	公共服务空间内健身、休憩、环卫等设施维护状况	1.000
B24	公共服务空间内卫生、绿化等维护状况	1.000
B25	公共服务空间内的空间历史文化特色	1.000
B26	公共服务空间举办传统节庆、舞蹈比赛、茶话会等公共文化活动	1.000
B27	在公共服务空间内各种消费需求得到满足	1.000

表 5-8(续)

题号	解释因子	初始公因子方差
B28	及时参加公共服务空间相关活动	1.000
B29	在公共服务空间内与他人沟通顺畅	1.000
B30	公共服务空间的自行车骑行空间便利度	1.000
B31	公共服务空间的公交车换乘便利度	1.000
B32	公共服务空间的小汽车停车便利度	1.000

通过主成分分析法进行因子提取,总方差解释率见表 5-9,将贡献率低于 0.4 的题项剔除,最终余下 12 个题项,根据研究需要构建出 3 个公共因子。

表 5-9 总方差解释率表

成分	初始特征值			提取平方和载入			旋转平方和载入		
	合计	方差解释率/%	累积方差解释率/%	合计	方差解释率/%	累积方差解释率/%	合计	方差解释率/%	累积方差解释率/%
1	3.773	31.439	31.439	3.773	31.439	31.439	2.386	19.887	19.887
2	1.296	10.804	42.243	1.296	10.804	42.243	1.931	16.095	35.982
3	1.031	8.592	50.835	1.031	8.592	50.835	1.782	14.854	50.835
4	0.884	7.364	58.200	—	—	—	—	—	—
5	0.754	6.285	64.484	—	—	—	—	—	—
6	0.724	6.033	70.517	—	—	—	—	—	—
7	0.704	5.871	76.388	—	—	—	—	—	—
8	0.629	5.238	81.626	—	—	—	—	—	—
9	0.620	5.165	86.791	—	—	—	—	—	—
10	0.544	4.533	91.324	—	—	—	—	—	—
11	0.529	4.412	95.736	—	—	—	—	—	—
12	0.512	4.264	100.000	—	—	—	—	—	—

以1、3、5、6、10、12、13、15、25、29、30、31题作为变量,对量表中各组数据做因子提取,确定抽取特征根大于1的数据,然后以方差极大法进行因子旋转,最终得出3个公共因子,共包含有12个题项。如表5-9所示:3个公共因子旋转后的方差解释率分别为19.887%、16.095%、14.854%,累积方差解释率为50.835%,可以较好解释指标变量。

旋转后的因子载荷矩阵见表5-10。

表5-10 旋转后的因子载荷矩阵

题号	解释因子	成分		
		1	2	3
B3	公共服务空间内防晒、遮雨的顶棚数量	0.683	0.043	0.060
B6	公共服务空间内休憩设施(座椅、凉亭等)的种类、数量、布局	0.678	0.207	0.088
B5	公共服务空间内可供休息、聊天、赏景的小空间	0.663	0.196	0.059
B25	公共服务空间内的空间历史文化特色	0.638	0.106	0.257
B15	公共服务空间色彩的舒适性、趣味性	0.606	0.080	0.328
B13	公共服务空间的步行舒适度	0.230	0.745	0.103
B1	公共服务空间内步行、车行、治安等环境安全性	0.124	0.661	0.139
B31	公共服务空间的公交车换乘便利度	−0.052	0.622	0.248
B30	公共服务空间的自行车骑行空间便利度	0.273	0.571	0.048
B12	觉得在参与公共服务空间活动过程中能获得归属感	0.200	0.166	0.731
B10	觉得参与公共服务空间活动让您的人际社会关系更紧密	0.245	0.054	0.720
B29	在公共服务空间内与他人沟通顺畅	0.052	0.309	0.669

注:1. 提取方法为主成分。
2. 旋转法为具有Kaiser标准化的正交旋转法。

每个因子都具有不同的特征,经综合考虑,为了便于接下来的分析工作,所以对3个公因子进行命名,依次为视觉感知因子、交通感知因子、心理感知因子。空间环境感知维度的感知因子命名见表5-11。

表 5-11 空间环境感知维度的感知因子命名

因子	命名	包含变量
因子 1	视觉感知	休憩设施的种类、数量、布局,景观空间品质,空间色彩具有舒适性、趣味性,空间历史文化特色
因子 2	交通感知	步行舒适度、开放性、易入性、交通安全性
因子 3	心理感知	快乐、情绪、氛围、社会交往

因子 1:视觉感知。视觉感知指社区公共服务设施空间系统完备的整体性,以及社区公共服务设施空间个体内部要素要相对完整,包括物质形态以及景观要素,例如休憩设施(种类、数量、布局)、景观空间品质、空间色彩等。

因子 2:交通感知。交通感知指社区公共服务设施空间"人—景"互动的关系度,包括空间步行舒适度、开放性、易入性、交通安全性等。

因子 3:心理感知。心理感知指身处社区公共服务设施空间中能感受到的人际社会关系、归属感、自我价值感等。

5.2.2 行为感知维度的因子分析

为了解居民在社区公共服务设施空间中行为偏好的表现和特征,借鉴现有研究成果进行量表设计,设定 9 个量表题项,运用探索性因子分析法来对数据进行降维分析。进行探索性因子分析时 KMO 值为 0.852>0.8,通过巴特利特球形检验,巴特利特球形检验的近似卡方值是 1 065.009(显著性为 0.000)。这说明该量表适合进行因子分析。KMO 和巴特利特球形检验见表 5-12,公因子方差解释变量表见表 5-13。

表 5-12 KMO 和巴特利特球形检验

取样足够度的 Kaiser-Meyer-Olkin 度量		0.852
巴特利特球形检验	近似卡方值	1 065.009
	自由度值	28.000
	显著性	0.000

表 5-13　公因子方差解释变量表

题号	解释因子	初始公因子方差
C1	我愿意参与到社区的艺术活动中	1.000
C2	我愿意花时间细心感受这里的景观风貌、人文气息	1.000
C3	我愿意花时间好好了解社区的建筑、居民生活	1.000
C4	我愿意参与这里的体验性活动	1.000
C5	这里的街巷、橱窗展品等很有特色,让人想驻足欣赏	1.000
C6	我愿意花时间与身边邻居交流生活日常	1.000
C7	我愿意介绍我的亲戚朋友来社区活动	1.000
C8	我很喜欢这个社区,愿意再来这里活动	1.000
C9	我对社区内的活动场所整体感到满意	1.000

通过主成分分析法进行因子提取,总方差解释率见表 5-14,将贡献率低于 0.4 的题项剔除,最终余下 8 个题项,根据研究需要构建出两个公共因子。

表 5-14　总方差解释率表

成分	初始特征值			提取平方和载入			旋转平方和载入		
	合计	方差解释率/%	累积方差解释率/%	合计	方差解释率/%	累积方差解释率/%	合计	方差解释率/%	累积方差解释率/%
1	3.217	40.209	40.209	3.217	40.209	40.209	2.205	27.558	27.558
2	1.039	12.990	53.199	1.039	12.990	53.199	2.051	25.641	53.199
3	0.777	9.719	62.918	—	—	—	—	—	—
4	0.675	8.439	71.357	—	—	—	—	—	—
5	0.672	8.395	79.752	—	—	—	—	—	—
6	0.573	7.163	86.915	—	—	—	—	—	—
7	0.545	6.815	93.730	—	—	—	—	—	—
8	0.502	6.270	100.000	—	—	—	—	—	—

以 1、2、3、4、5、7、8、9 题作为变量,对公因子方差解释变量表中各组数据做因子提取,确定抽取特征根大于 1 的数据,然后以方差极大法进行因子旋转,最终得出两个公共因子,共包含有 8 个题项。两个公共因子的旋转后方差解释率分别为 27.558% 和 25.641%,累积方差解释率为 53.199%。因此,可以认为公共因子能够解释调查指标变量。旋转后的因子载荷矩阵见表 5-15。

表 5-15　旋转后的因子载荷矩阵

题号	解释因子	成分	
		1	2
C6	我愿意花时间与身边邻居交流生活日常	0.807	0.067
C9	我对社区内的活动场所整体感到满意	0.765	0.161
C7	我愿意介绍我的亲戚朋友来社区活动	0.661	0.311
C8	我很喜欢这个社区,愿意再来这里活动	0.615	0.373
C2	我愿意花时间细心感受这里的景观风貌、人文气息	0.069	0.748
C5	这里的街巷、橱窗展品等很有特色,让人想驻足欣赏	0.200	0.658
C4	我愿意参与这里的体验性活动	0.201	0.637
C3	我愿意花时间好好了解社区的建筑、居民生活	0.260	0.622

注:1. 提取方法为主成分。
　　2. 旋转法为具有 Kaiser 标准化的正交旋转法。

行为感知维度的感知因子命名见表 5-16。由表 5-16 可以看出,最终共提取两个公因子,通过分析各因子和量表题项间的对应关系,对这两个公因子命名分别为推荐行为和参与行为。

表 5-16　行为感知维度的感知因子命名

因子	命名	包含变量
因子 1	推荐行为	社区归属感、邻里互动、结识新朋友
因子 2	参与行为	放松、生活积极、快乐、缓解紧张、兴趣爱好、学习、体验、好奇心

因子 1:推荐行为。推荐行为指居民对社区公共服务设施空间环境表达

的一种态度。持续的社会行为依赖于人与人之间频繁的、重复的接触。对居民来说,社区公共服务设施空间是与伴侣、朋友及与其他居民进行积极交流的场所,同时也是向亲人朋友推荐的一个地点。如果居民能够对社区公共服务设施空间形成良好印象,则会在重返社区公共服务设施空间后乐于向别人推荐。

因子2:参与行为。参与行为指居民在社区公共服务设施空间的环境中逐渐培养起的个人感知,形成的生活体验,以及其日常生活行为方式。如果居民在生活中更自觉地投入社区公共服务设施空间活动,乐于与他人进行互动,则表明居民形成了较为积极的体验性行为偏好。场所为居民邻里相遇提供了机会,向相识的邻居和熟人招手、停下脚步闲聊、街头的艺人、橱窗里的展品、桌前玩棋牌游戏的人等都有可能让人们停下脚步并交流。

5.2.3 影响因子的关系分析模型框架

根据视觉感知因子、交通感知因子、心理感知因子与推荐行为因子、参与行为因子之间可能存在的逻辑关系,构建模型以资检验,各感知影响因子间的关系模型框架见图5-2。

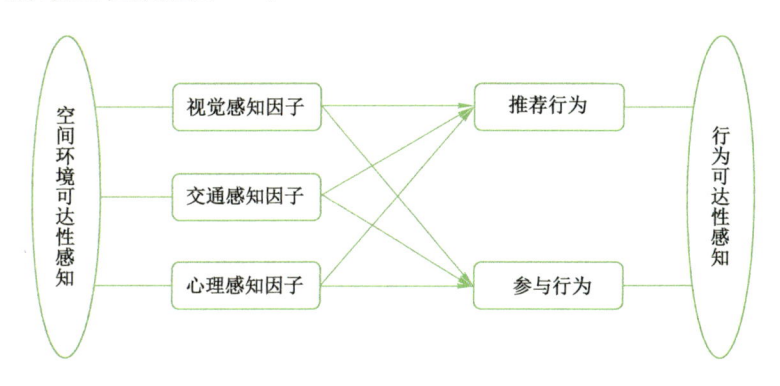

图5-2 各感知影响因子间的关系模型框架

5.3 影响因子相关性分析

借用皮尔森相关分析法对影响因子关系分析模型中的空间环境感知维度各因子和行为感知维度各因子的关系进行验证。

5.3.1 信度分析

通过克朗巴哈 α 系数（Cronbach's α）探究量表的信度分析结果。一般来讲，若分量表或者总量表的克朗巴哈 α 系数值小于 0.7，则代表调研中所用量表不可靠，对此，研究者应当进行相应的增删，提高量表信度；反之，若克朗巴哈 α 系数值超过 0.7，即代表此次调研中所用量表较为可靠。

调研数据信度分析见表 5-17。从表 5-17 可知，研究主要包含 3 个量表，分别为空间环境感知量表、行为感知量表与社区公共服务设施空间满意度量表。空间环境感知量表由视觉感知、交通感知、心理感知 3 个因子表示，此 3 个因子的信度系数值均大于 0.7；行为感知量表由参与行为和推荐行为两个因子表示，此两个因子的信度系数值均大于 0.7；社区公共服务设施空间满意度量表的信度系数值为 0.771。结合上述分析，此次调研中所用量表信度符合要求，所得的数据较为合理有效，能够用来进行下一步的研究。

表 5-17　调研数据信度分析

量表	潜变量	观测变量数量	Cronbach's α
空间环境感知	视觉感知	5	0.825
	交通感知	4	0.711
	心理感知	3	0.734
行为感知	推荐行为	4	0.841
	参与行为	4	0.749
社区公共服务设施空间满意度	满意度	3	0.771

空间环境感知与行为感知探索性因子分析结果见表 5-18。从表 5-18 可以看出，对于空间环境感知维度而言，样本的整体分值是 3.45。总体而言，整体样本较为认可该空间环境感知量表。其中，对心理感知因子以及交通感知因子非常认可；视觉感知因子的平均值为 3.15，样本对于视觉感知认可度相对较低。对于行为感知维度，整体样本同样有着较高的认可度，平均值是 3.67，尤其是对于参与行为因子，样本的平均值是 3.81。社区公共服务

设施空间满意度样本的平均值是 3.50。

表 5-18 空间环境感知与行为感知探索性因子分析结果

影响因子	样本	最小值	最大值	平均值	标准差
空间环境感知	635	1.50	5.00	3.45	0.59
视觉感知	635	1.00	5.00	3.15	0.81
交通感知	635	1.00	5.00	3.75	0.61
心理感知	635	1.00	5.00	3.56	0.79
行为感知	635	1.38	5.00	3.67	0.63
推荐行为	635	1.00	5.00	3.53	0.77
参与行为	635	1.50	5.00	3.81	0.68
社区公共服务设施空间满意度	635	1.00	5.00	3.50	0.70

5.3.2 空间环境感知与行为感知相关性分析

空间环境感知与行为感知相关性分析见表 5-19。从表 5-19 可知，推荐行为因子与视觉感知因子、交通感知因子和心理感知因子之间的关系系数值为 0.609、0.466、0.532，相关系数均呈现出显著性，且相关系数值均大于 0.4，均呈现出 0.01 水平的显著性。这表明推荐行为因子与这三个因子之间均有着较为紧密且显著的正相关关系。参与行为因子与视觉感知因子、交通感知因子和心理感知因子之间的关系系数值为 0.368、0.407、0.524，相关系数均呈现出显著性，且相关系数值均大于 0.35，均呈现出 0.01 水平的显著性。这表明参与行为因子和这三个因子之间的关系呈正相关关系，且关系特征显著，说明互相之间保持着紧密的联系。

表 5-19 空间环境感知与行为感知相关性分析

影响因子	推荐行为	参与行为	视觉感知	交通感知	心理感知
推荐行为	1				
参与行为	0.519**	1			
视觉感知	0.609**	0.368**	1		

表 5-19(续)

影响因子	推荐行为	参与行为	视觉感知	交通感知	心理感知
交通感知	0.466**	0.407**	0.405**	1	
心理感知	0.532**	0.524**	0.447**	0.437**	1

注：** 表示在 0.01 水平(双侧)上显著相关。

5.3.3 社区公共服务设施空间活动特征与感知维度相关性分析

活动特征与影响因子相关性分析见表 5-20。从表 5-20 可知，出行距离、出行时间、出行方式与居民对社区公共服务设施空间环境感知及行为感知并无显著的影响。

表 5-20 活动特征与影响因子相关性分析

变量	工作日可支配时间	休息日可支配时间	周活动次数	出行距离	出行时间	活动参加人数	选择的出行方式
空间环境感知	0.087*	−0.013	0.128**	−0.023	0.009	0.103**	0.001
视觉感知	0.043	−0.088*	0.059	0.013	0.038	0.068	0.059
交通感知	0.088*	0.057	0.130**	−0.066	−0.016	0.079*	−0.077
心理感知	0.094*	0.054	0.145**	−0.023	−0.021	0.108**	−0.016
行为感知	0.080*	0.044	0.134**	0.029	0.011	0.101**	0.026
推荐行为	0.059	−0.015	0.084*	0.020	0.020	0.088*	0.043
参与行为	0.081*	0.099*	0.155**	0.031	−0.002	0.089*	−0.001

注：* 表示 $p<0.05$，** 表示 $p<0.01$。

5.3.4 影响因子与设施满意度相关性分析

感知可达性与影响因子相关性分析见表 5-21。从表 5-21 可知，社区公共服务设施空间满意度与视觉感知因子、交通感知因子、心理感知因子之间的相关系数值均呈现出显著性，且均大于 0.5，表明社区公共服务设施空间满意度与空间环境感知的各影响因子之间均有着紧密且较为显著的正相关关系。社区公共服务设施空间满意度与推荐行为因子、参与行为因子之间的相关系数值分别为 0.647 和 0.451,均呈现出显著性,且相关系数值大于 0.4,表明社区公共服务设施空间满意度与推荐行为因子、参与行为因子之间均有着较为紧密的显著正相关关系。

表 5-21 感知可达性与影响因子相关性分析

变量	满意度	视觉感知	交通感知	心理感知	推荐行为	参与行为
满意度	1					
视觉感知	0.614**	1				
交通感知	0.530**	0.405**	1			
心理感知	0.560**	0.447**	0.437**	1		
推荐行为	0.647**	0.609**	0.466**	0.532**	1	
参与行为	0.451**	0.368**	0.407**	0.524**	0.519**	1

注：** 表示在 0.01 水平(双侧)上显著相关。

通过相关性分析可以得出,社区公共服务设施空间环境感知维度的各影响因子与行为感知维度的各影响因子均存在一定的关联性。居民在社区内持续而积极的活动行为依赖于社区公共服务设施空间系统完备的整体性、连贯的空间品质、充足的休憩设施布局,空间良好的开放性、易入性以及安全性为居民间轻松交流沟通提供了场所。空间环境中给居民带来的归属感、自我价值感可以促使居民在社区内驻足闲聊交流,增强居民对社区内活动参与的积极性、自主性与互动性。抵达场所距离、时间以及方式等出行成本对居民的交往活动行为并没有显著影响。一方面,社区内的服务范围皆在居民可接受的成本之内,另一方面也体现出社区公共服务设施空间不同于城市宏观层面的公共服务设施对出行成本要求的高门槛。

5.4 影响因子回归分析

对空间环境感知、行为感知的相关性分析表明二者之间具有紧密联系,并且正相关关系显著。本节将借助多元线性回归分析,进一步研究两者之间的影响关系情况。

第一,将视觉感知因子、交通感知因子和心理感知因子设为自变量,推荐行为因子为因变量,随后进行回归分析。推荐行为与空间环境感知回归分析见表 5-22。根据表 5-22 可知,模型的决定系数为 0.480,说明这 3 个自变量对因变量推荐行为变化情况的解释程度为 48.0%。模型通过 F 检验,说明其中至少有一个自变量会对推荐行为因子产生影响关系。

表 5-22　推荐行为与空间环境感知回归分析

因变量	自变量	非标准化系数	标准误差	标准化系数	t 值	P 值	决定系数	调整后的决定系数	F 检验
推荐行为	常量	0.511	0.145	—	3.516	0.000	0.480	0.478	194.362**
	视觉感知	0.396**	0.032	0.417**	12.538	0.000			
	交通感知	0.227**	0.042	0.180**	5.458	0.000			
	心理感知	0.259**	0.033	0.267**	7.903	0.000			

注:* 表示 $p<0.05$,** 表示 $p<0.01$。

研究模型的表达式为:推荐行为 = 0.511 + 0.396**(视觉感知) + 0.227**(交通感知) + 0.259**(心理感知)。这 3 个自变量的回归系数全部均呈现出显著性,且回归系数均大于 0.2,表明这 3 个自变量均与推荐行为产生正相关影响关系。

由以上分析可知,推荐行为与视觉感知显著相关。居民的推荐意愿越强,表明社区公共服务设施空间的视觉感知越高。例如,具有充足的座椅的凉亭等休憩设施、添加了遮挡阳光且可躲避风雨顶棚的建筑外墙面、优美的景观环境、突出的地域文化特色以及舒适的视觉氛围感受等。值得注意的是,视觉感知对推荐行为偏好的影响大于其他两项,说明居民更加注重社区公共服务设施空间的整体环境品质和完整的格局风貌。

第二,将视觉感知、交通感知和心理感知设为自变量,以参与行为作为因变量进行回归分析见表 5-23。由表 5-23 可知,模型的决定系数为 0.324,说明这 3 个自变量对因变量参与行为变化情况的解释程度为 32.4%。模型通过 F 检验,说明其中至少有一个自变量会对参与行为产生影响关系。

表 5-23　参与行为与空间环境感知回归分析

因变量	自变量	非标准化系数	标准误差	标准化系数	t 值	P 值	决定系数	调整后的决定系数	F 检验
参与行为	常量	1.529	0.147	—	10.433	0.000	0.324	0.321	100.786**
	视觉感知	0.099**	0.032	0.118**	3.106	0.002			
	交通感知	0.210**	0.042	0.190**	5.031	0.000			
	心理感知	0.333**	0.033	0.388**	10.072	0.000			

注：* 表 $p<0.05$，** p 表示 <0.01。

研究模型的表达式为：参与行为 = 1.529 + 0.099**（视觉感知）+ 0.210**（交通感知）+ 0.333**（心理感知）。这 3 个自变量的回归系数均呈现出显著性，且回归系数均大于 0.08，表明这 3 个自变量均与参与行为产生正相关影响关系。

由以上分析可知，参与行为与交通感知和心理感知显著相关。居民越愿意并且能够深入了解社区公共服务设施空间内含的文化、建筑等，越能够参与空间中的社会生产，感受真实的社区生活、淳朴的民风民情以及舒适的氛围等。社区公共服务设施空间的交通感知越高，例如社区公共服务设施空间具有较强的易入性和环境安全性，社区公共服务设施空间越具有较强的吸引力和体验性等。值得注意的是，心理感知对参与行为偏好的影响大于交通感知。这说明居民点周边社区公共服务设施空间所营造的总体氛围和自身在空间文化上的感受是居民较为重视的方面。

验证性因子分析显示，社区公共服务设施空间感知各因子均存在关联。居民想进入社区公共服务设施空间进行活动，可以通过视觉感知和交通感知进行引导，居民的活动体验可以通过心理感知来提升，同时可以激发居民参加社区公共服务设施空间的活动热情。居民的偶然参与行为可以通过心理感知触发，而交通感知以及视觉感知不仅可以满足居民生活需求，使居民获得较好的生活感受，还能够利用居民积极的感知偏好来促使居民产生推荐行为,进而使被推荐者对该居民社区形成良好印象。综上所述,良好的社区公共服务设施空间受视觉感知、交通感知和心理感知共同影响制约。

5.5　影响因子方差分析

在上文分析的基础上,本节利用 T 检验和单因素方差分析方法探究空间环境感知与居民偏好行为两个维度的各影响因子对不同人口特征的差异分析,包括性别、学历、家庭类型、年龄和家庭月收入。若 P 值呈现出显著性($P<0.05$),则说明不同组别数据波动不一致,即方差不齐;若 P 值没有呈现出显著性($P>0.05$)则说明方差齐。性别、学历、家庭类型、年龄、家庭月收入的方差分析感知分别见表 5-24 至表 5-28。

表 5-24　性别方差分析结果

影响因子	特征种类		F 检验	P 值
	性别(平均值±标准差)			
	男($N=268$)	女($N=367$)		
空间环境感知	3.49±0.58	3.42±0.59	1.94	0.16
视觉感知	3.16±0.81	3.15±0.81	0.03	0.86
交通感知	3.79±0.63	3.71±0.60	2.41	0.12
心理感知	3.64±0.82	3.50±0.77	4.96	0.03*
行为感知	3.69±0.61	3.66±0.65	0.50	0.48
参与行为	3.84±0.67	3.80±0.69	0.57	0.45
推荐行为	3.55±0.74	3.52±0.79	0.24	0.62
满意度	3.50±0.70	3.50±0.70	0.01	0.93

注:* 表示 $p<0.05$,** 表示 $p<0.01$。

表 5-25　学历方差分析结果

影响因子	特征种类				
	学历（平均值±标准差）			F 检验	P 值
	专科以下 （N=57）	专科或本科 （N=542）	研究生及以上 （N=36）		
空间环境感知	3.45±0.62	3.47±0.58	3.23±0.62	2.73	0.07
视觉感知	3.18±0.86	3.17±0.80	2.90±0.85	1.89	0.15
交通感知	3.75±0.63	3.76±0.60	3.49±0.73	0.51	0.09
心理感知	3.51±0.94	3.57±0.77	3.44±0.92	0.51	0.60
行为感知	3.63±0.73	3.68±0.62	3.59±0.59	0.55	0.58
参与行为	3.73±0.76	3.83±0.67	3.72±0.68	0.91	0.40
推荐行为	3.52±0.88	3.54±0.76	3.46±0.72	0.19	0.83
满意度	3.45±0.79	3.51±0.68	3.39±0.79	0.65	0.52

注：* 表示 $p<0.05$，** 表示 $p<0.01$。

表 5-26　家庭类型方差分析结果

影响因子	特征种类				
	家庭类型（平均值±标准差）			F 检验	P 值
	单身独住 （N=68）	意向和父母同住 （N=142）	已婚 （N=415）		
空间环境感知	3.34±0.54	3.32±0.55	3.52±0.60	7.52	0.00**
视觉感知	3.06±0.68	3.06±0.76	3.21±0.84	2.24	0.11
交通感知	3.59±0.61	3.61±0.62	3.82±0.60	8.97	0.00**
心理感知	3.46±0.84	3.38±0.81	3.64±0.77	6.41	0.00**
行为感知	3.49±0.71	3.53±0.61	3.77±0.61	11.26	0.00**
参与行为	3.61±0.79	3.68±0.71	3.90±0.64	9.26	0.00**
推荐行为	3.36±0.81	3.38±0.74	3.63±0.76	7.88	0.00**
满意度	3.39±0.71	3.42±0.61	3.55±0.71	3.16	0.04*

注：* 表示 $p<0.05$，** 表示 $p<0.01$。

表 5-27　年龄方差分析结果

影响因子	特征种类					
	年龄（平均值±标准差）				F 检验	P 值
	20 岁及以下 (N=52)	21～30 岁 (N=282)	31～45 岁 (N=257)	45 岁以上 (N=44)		
空间环境感知	3.43±0.58	3.41±0.58	3.53±0.57	3.29±0.69	3.18	0.02*
视觉感知	3.15±0.74	3.12±0.82	3.24±0.80	2.90±0.85	2.42	0.07
交通感知	3.71±0.69	3.68±0.61	3.83±0.56	3.73±0.80	2.76	0.04*
心理感知	3.53±0.95	3.53±0.76	3.63±0.76	3.35±0.97	1.82	0.14
行为感知	3.61±0.66	3.61±0.66	3.77±0.59	3.63±0.62	3.41	0.02*
参与行为	3.74±0.72	3.74±0.73	3.90±0.61	3.82±0.67	2.75	0.04*
推荐行为	3.48±0.83	3.47±0.79	3.64±0.73	3.43±0.75	2.60	0.05
满意度	3.47±0.66	3.48±0.67	3.56±0.69	3.32±0.91	1.67	0.17

注：* 表示 $p<0.05$，** 表示 $p<0.01$。

表 5-28　家庭月收入方差分析结果

影响因子	特征种类					
	家庭月收入（平均值±标准差）				F 检验	P 值
	5 000 元及以内 (N=107)	5 001～10 000 元 (N=217)	10 001～20 000 元 (N=216)	20 001 元及以上 (N=95)		
空间环境感知	3.39±0.57	3.41±0.60	3.47±0.58	3.59±0.58	2.70	0.04*
视觉感知	3.09±0.80	3.11±0.82	3.17±0.77	3.30±0.87	1.53	0.20
交通感知	3.78±0.57	3.69±0.65	3.73±0.62	3.88±0.56	2.26	0.08
心理感知	3.39±0.84	3.52±0.80	3.61±0.79	3.70±0.68	3.14	0.03*
行为感知	3.60±0.53	3.60±0.67	3.71±0.65	3.84±0.58	3.80	0.01*
参与行为	3.71±0.65	3.76±0.70	3.88±0.69	3.92±0.62	2.83	0.04*
推荐行为	3.49±0.66	3.45±0.81	3.54±0.79	3.75±0.70	3.64	0.01*
满意度	3.41±0.76	3.45±0.68	3.49±0.68	3.73±0.65	4.49	0.00**

注：* 表示 $p<0.05$，** 表示 $p<0.01$。

从 T 检验与单因素方差分析结果来看,除学历外其他因素检验均显示出显著性差异。不同性别群体仅对心理感知表现出显著性差异,并通过对比平均值可知,相对女性样本群体,男性样本群体对于社区公共服务设施空间的心理感知表现出更高的认可度。家庭类型的三类样本群体,对交通感知、心理感知、参与行为、推荐行为以及满意度表现出差异性,对比平均值可知,已婚群体对于空间环境感知认可度较高,尤其体现在交通感知和心理感知这两项上。该群体对于行为感知各项以及满意度也有着明显更高的认可度。不同的年龄样本对于空间环境感知具有显著性差异。例如,对于交通感知,相对来看31~45岁样本群体的认可度最高;对于行为感知,31~45岁样本群体的认可度最高。不同的家庭月收入样本群体对于心理感知、行为感知和满意度均表现出显著性差异。通过平均值对比可知:家庭收入越高的样本群体对于空间环境感知认可度越高,尤其体现在心理感知方面。同时,家庭收入越高的群体对行为感知与满意度这两项也有着明显更高的认可度。

Chapter 6 第6章

社区公共服务设施区位评价模型应用

首先,运用空间分析模型对鼓楼区社区公共服务设施空间配置的公平性进行分析。其次,选取具有代表性的典型社区,将居民主体视角下社区公共服务设施感知评价结果与设施客观量化结果进行对比,展开微观层面的针对社区公共服务设施供给水平的深入分析,探讨居民对社区公共服务设施的需求特征。

6.1 研究区域概况

6.1.1 研究区域选择

鼓楼区地理位置示意见图 6-1。鼓楼区位于徐州市城区北半部,地理坐标为北纬 30°16′,东经 117°11′;东沿东三环路与徐州市经济技术开发区接壤;西以西三环和北三环为界;南由淮海东路、中山北路、黄河南路相间,与云龙区、泉山区为邻,北至京杭大运河。截至 2020 年,全区管辖面积约 64.6 km²,总人口约 42.5 万人,下辖 7 个街道,分别为琵琶街道、黄楼街道、环城街道、丰财街道、牌楼街道、铜沛街道、九里街道,共 67 个社区(村)。鼓楼区社区划分和人口分布见图 6-2,鼓楼区各街道基本情况见表 6-1。

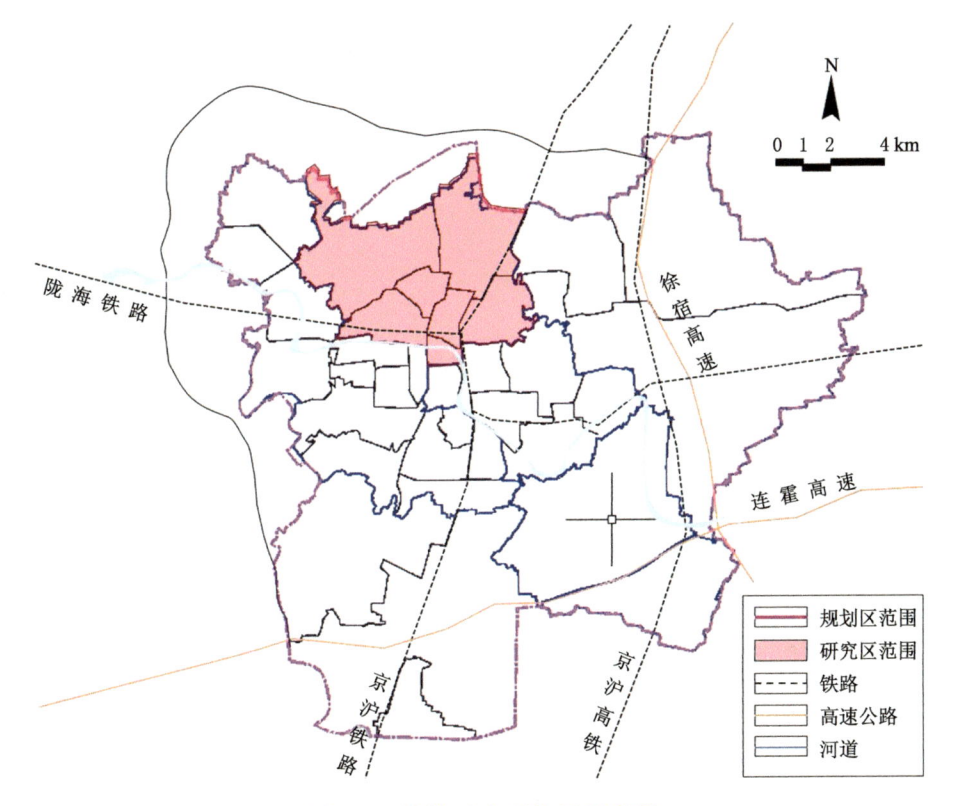

图 6-1 鼓楼区地理位置示意图

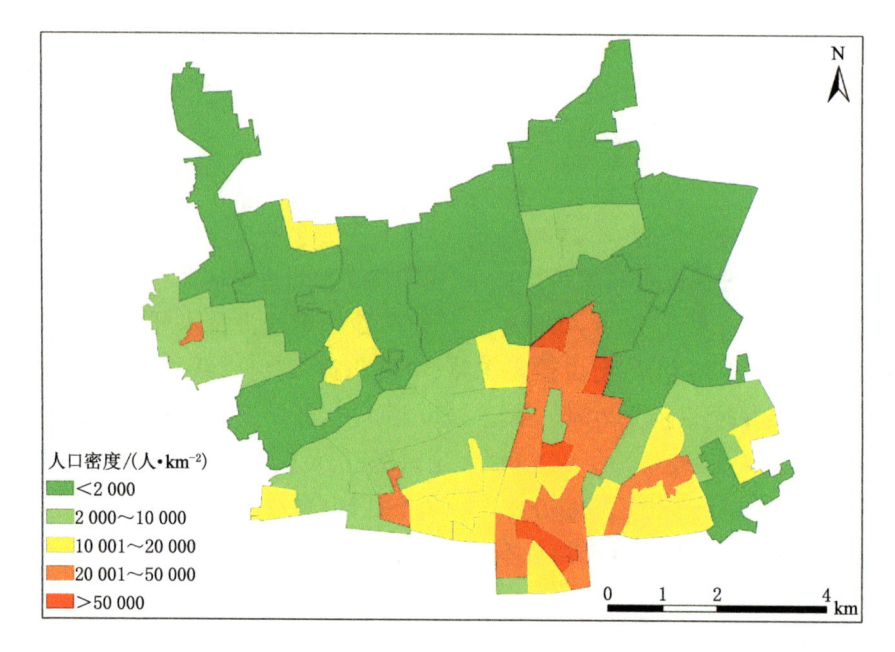

图 6-2 鼓楼区社区划分和人口分布图

表 6-1 鼓楼区各街道基本情况(截至 2020 年)

街道名称	社区(村)数量/个	管辖面积/km²	总人口/人	人口密度/(人·km⁻²)
牌楼街道	8	4.5	37 498	8 427
丰财街道	11	9.7	66 999	6 907
环城街道	10	3.6	58 761	16 322
琵琶街道	11	17.7	29 113	1 645
铜沛街道	9	6.0	39 886	6 648
黄楼街道	8	1.8	41 067	22 815
九里街道	10	16.4	32 391	1 980

注:表格中数据为研究区域内实地调研走访徐州市规划局、鼓楼区各街道办事处所获取的数据,因数据源以及数据清理,造成与官方数据略有偏差。

鼓楼区作为徐州市重要的老工业片区之一,是历史悠久、布局密集的典型传统工业基地。京沪铁路和陇海铁路干线在鼓楼区交会,主城区的彭城广场和淮海广场两大黄金商圈位于二环路和三环路城市主干道的相交处,京杭大运河、古黄河、丁万河等地表水系萦绕其中。鼓楼区是徐州市主城区人流、物流、资金流的集聚中心。

与此同时，鼓楼区的空间发展也面临着一些严峻的问题。从20世纪40年代至20世纪70年代，鼓楼区形成了3个工业集中片区，分别是位于东北郊的下淀工业片区、老城区以北的堤北工业片区和北郊的孟家沟工业片区。由于原先地区聚集大量传统工业，在涌现众多劳动力的同时也造成难以管理的棚户区、"城中村"的出现，形成区内居住用地与工业片区、商业用地混杂布局的现状。南接老城区中心区的黄楼街道、环城街道、牌楼街道以及丰财街道居住用地建设密度过高、开发强度过大，由于开放期过早，社区公共服务设施未能和居住结构配套，主要为市级公共设施配套，因而缺乏居住区级公共服务设施。另外，由于用地条件紧张，居住用地开发强度较高，居住人口也相对较多，造成居住环境条件和生态环境较差。

2013年，国家发展和改革委员会印发《全国老工业基地调整改造规划（2013—2020年）》，鼓楼区规划发展也开始面临新的机遇与挑战。例如，编制棚户区和"城中村"拆迁工程规划，加快北区土地资源整合，在鼓楼区的中部和东南部形成大范围的居住区组团，在鼓楼区北部和东北部形成工业区组团。鼓楼区的城市空间布局特征大致可分为核心区部分、内缘区部分和外缘区部分。鼓楼区空间层级示意见图6-3。

核心区——二环北路以南的城市中心片区，以现代商贸服务中心为主；

内缘区——二环北路至三环路之间的城市开发片区，以生态居住片区为主；

外缘区——三环路以北的城北片区和铁路枢纽站以东的城东片区，分别以打造现代化工业园区和独立工业园区为主。

6.1.2　地理信息收集与阈值

6.1.2.1　建立GIS数据库

参照《徐州市城市总体规划（2007—2020年）（2017年修订）》中的土地利用现状、主城区公共设施规划、主城区居住用地规划等图纸，《徐州市市区幼儿园布点专项规划优化》《徐州市中心城区医疗卫生设施布局专项规划（2016—2020）》《徐州市公共体育设施布局规划》等各专项规划中的布局现状图，结合鼓楼区2020年的卫星影像数据，以人口普查数据资料为基础，辅之现场调研，进而总结社区公共服务设施点位置、道路交通、街道人口分布数据、城市居民点分布等信息，并进行分类整合。

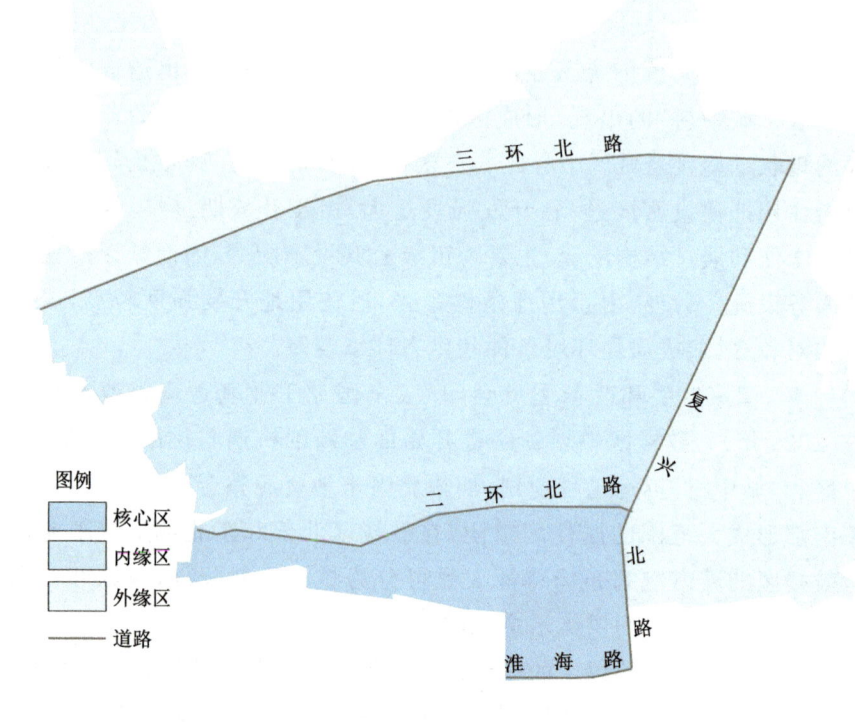

图 6-3 鼓楼区空间层级示意图

1. 居住用地数据的提取与处理

首先,根据徐州市鼓楼区高清遥感影像图提取居住用地以及居民点,以街道行政区划分,相邻的居住区合并,共划分出 330 个居住区图斑,其次,将生成的居住区质心作为居民点位置,最后,录入居住区属性数据(用地性质以及人口数据等)。

2. 社区公共服务设施点数据的处理

提取《徐州市社区公共服务设施布局专项规划》中的现状调研数据,整理出可准确获取数据信息的幼儿园、卫生服务站、健身公园、居家养老服务中心和农贸市场等 5 类社区公共服务设施的名称、位置和大小等属性数据,对于并不存在明显建筑地块的社区公共服务设施,可选其质心为起点,构建社区公共服务设施空间数据资料。

3. 道路网络的建立

考虑到道路对居民点到达社区公共服务设施点的影响，采用两者之间的路网距离代替传统的欧式距离。建立鼓楼区交通网络数据集，首先，将鼓楼区主干道、次干道以及小区道路进行数字化处理，其次，将道路用地的面状要素合并后转化为线状要素，最后，提取所有道路中心线。

4. OD 成本矩阵的建立

计算社区公共服务设施点的服务能力和居民点的可达性的关键是 OD 成本矩阵的计算，设置社区公共服务设施点（居民点）为起点，设置居民点（社区公共服务设施点）为目的点，计算出两点之间的最短路网距离。

5. 居住区空间位置和分布数据的确定

本书以居住区为单位进行矢量化操作，为了可以精准地表现鼓楼区内的居住用地空间分布，选取居民点质心作为居民获取社区公共服务设施点的起点；收集分析安居客（http://chongqing.anjuke.com/）抓取的鼓楼区各小区 POI 数据对描出的居住区边界进行调整。鼓楼区区域内的居住区组团分布见图 6-4。居住区人口数据根据实际收集的居住区属性数据以及根据

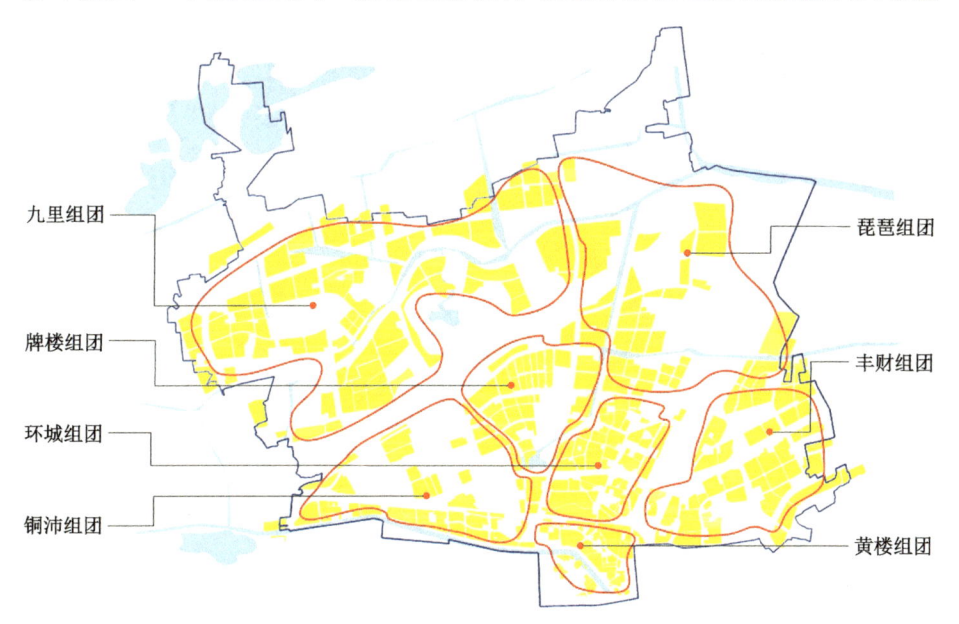

图 6-4　鼓楼区区域内的居住区组团分布图

人口数据集网站(https://www.worldpop.org/)的统计数据,计算居住区块内的人口数据。从矢量化结果来看,结合区内行政管辖范围、街道路网骨架、用地地块基本方形,将研究区域的居住总体可分为 7 大组团,共计 330 个居住区,占地 22.83 km²。

6. 设施空间位置的确定

在《徐州市中心城区基本公共服务设施布局规划》专项规划中描述了各类社区公共服务设施布局现状,结合实地调研,对 Google Earth 中各社区公共服务设施的空间位置进行校对,最终确定研究区域内社区公共服务设施共 239 个,其中幼儿园 56 个、卫生服务站 66 个、健身公园 30 个、居家养老服务中心 56 个、农贸市场 31 个。鼓楼区各类社区公共服务设施分布见图 6-5。

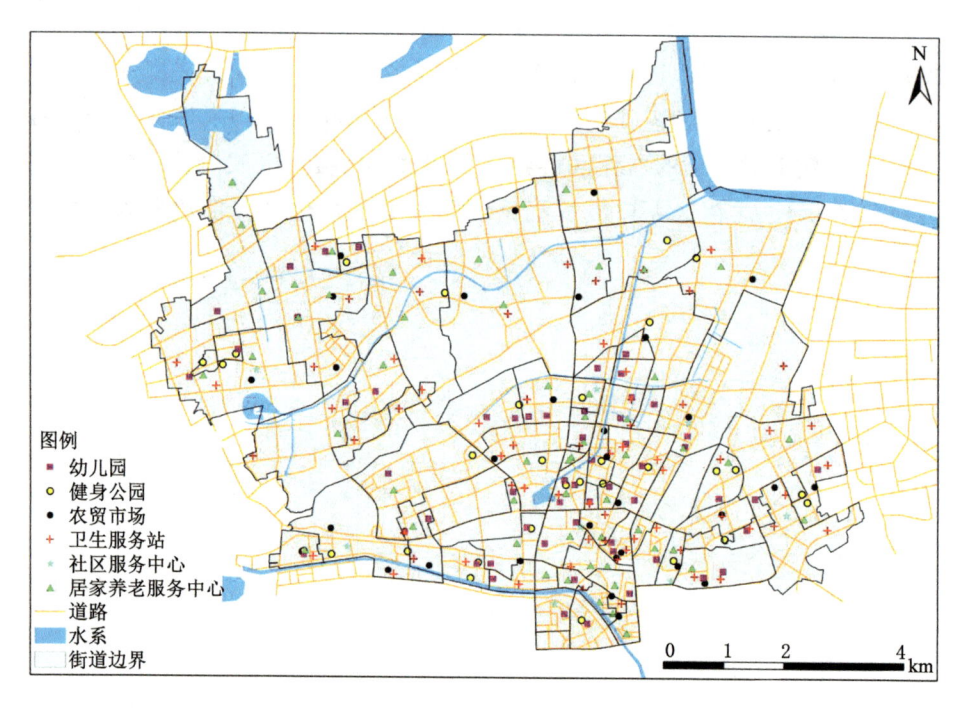

图 6-5 鼓楼区各类社区公共服务设施分布图

6.1.2.2 阈值参数的确定

在阈值参数的确定过程中,除了对上述关键数据的提取外,选择合理阈值也是关键的技术问题。结合前文对居民生活圈的理论研究,认为社区初级生活圈是指居民点内的居民日常生活空间范围内出行时间步行约 15~45 min。按照平均步行速度 5 km/h 计算,社区初级生活圈的半径范围为 0.5~2.5 km。把步行作为居民获取社区公共服务设施点的交通方式,并根据社区公共服务设施点的实际服务半径,以 5 min、10 min、15 min、20 min、30 min 等划分为 5 种可达性。社区生活圈半径范围见表 6-2。

表 6-2 社区生活圈半径范围

社区生活圈	步行可达距离/m
5 min	400
10 min	800
15 min	1 250
20 min	2 000
30 min	2 500

在改进的两步移动搜索法中,为了可以更客观和准确地分析社区公共服务设施点与居民点的可达性现状,本书选取了 3 个阈值来进行预测算,即:令 $d_0=1\ 250$ m、$d_0=2\ 000$ m、$d_0=2\ 500$ m。当搜索半径为 1 500 m 时,计算可得约 80% 的居民点基本享受不到各类社区公共服务设施点的服务,并在地理上无明显规律;当搜索半径为 2 000 m 时,即各社区居民点到各类社区公共服务设施点之间距离的平均值,空间可达性分布显示均匀;当阈值参数持续上升到 2 500 m 时,虽然可以提高服务获得比例但增长幅度不大。因此,在改进的两步移动搜索法中对搜索半径 d_0 取值为 2 000 m 较为合理。

6.2 社区公共服务设施空间配置公平评价

6.2.1 社区公共服务设施的现状特征

分别通过社区公共服务设施在研究区范围内的空间分布范围与趋势,以及社区公共服务设施在空间的热点区域范围,得出其空间分布态势和空间集聚特征。

6.2.1.1 社区公共服务设施整体空间分布态势

运用标准差椭圆分析工具对 239 个社区公共服务设施点进行数据计算,模拟社区公共服务设施点整体空间分布态势。社区公共服务设施空间分布的主体区域由椭圆内的区域空间表示,长轴表明数据在主趋势方向上的离散程度,短轴表明数据的分布范围,两者差值的大小表明空间分布方向性的显著程度,差值越大,方向性越明显。鼓楼区社区公共服务设施整体空间分布态势见图 6-6。

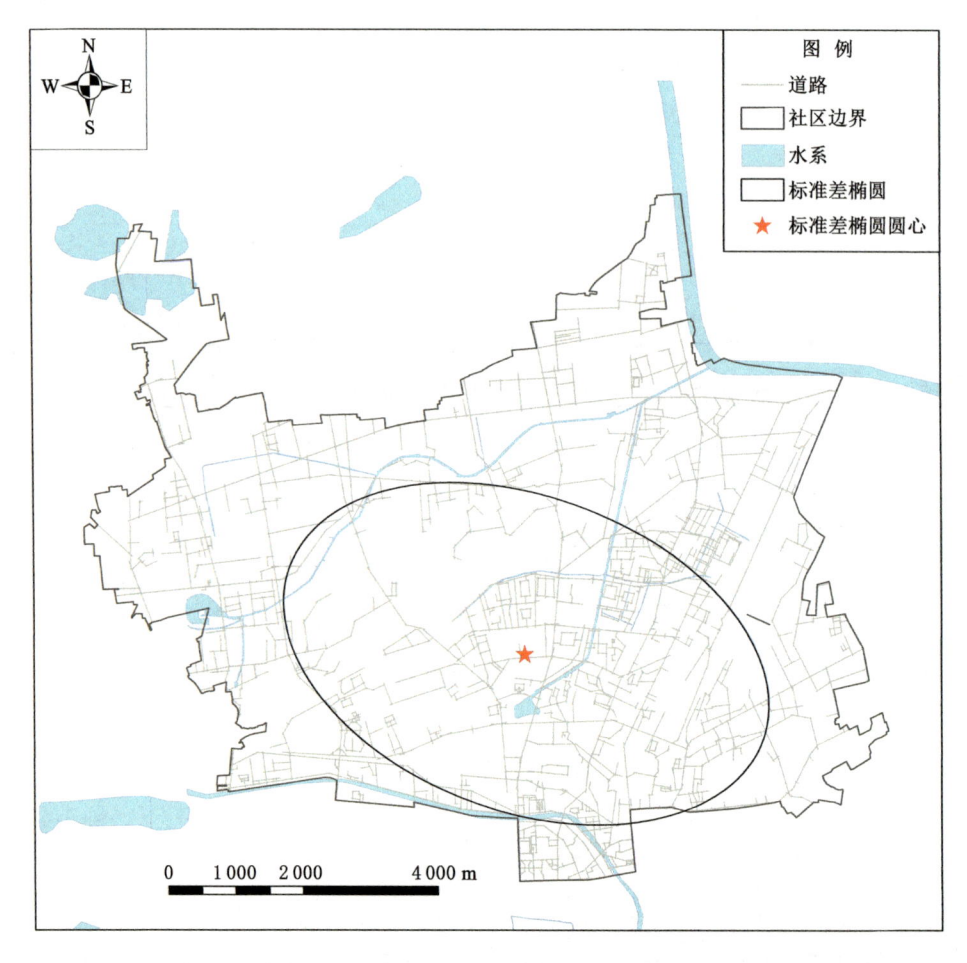

图 6-6 鼓楼区社区公共服务设施整体空间分布态势

由图 6-6 可知，社区公共服务设施的整体空间分布椭圆中心在鼓楼区政府以北约 0.5 km 处，长轴指向为西北—东南向，长约 3.7 km，短轴长约 2.2 km。鼓楼区整体社区公共服务设施点的空间分布方向呈现出西北—东南向的趋势，分布范围大致在距离区政府 1 km 范围内，在区域布局上，南北向态势明显小于东西向态势，大部分聚集在三环路内。从鼓楼区区域几何重心和社区公共服务设施格局分布重心得知，几何重心同分布重心相同，都有比较显著的向心性。

社区公共服务设施点在多尺度空间区域里的集聚特点采用多距离空间聚类分析方法。鼓楼区社区公共服务设施整体的多距离空间聚类分析结果见图 6-7。图 6-7 显示，当实际观测距离在 2 km 以内时，鼓楼区内所有社区公共服务设施点的空间 $L(d)$ 函数值平均达到 99% 的置信度，说明区域内的社区公共服务设施点具有显著的空间集聚分布。通过对函数曲线变化发展的观察发现，观测值的斜率随着观测尺度的增大而不断减小，大概在 2.5 km 时斜率会和期望值斜率相同，超过 2.5 km 后趋势逐渐变小；社区公共服务设施点的空间分布离散程度在观测值曲线与期望值斜线相交处逐渐显现出来。通过数值判断，3.2 km 是区域内社区公共服务设施点空间集聚效应出现的最大范围取值，相对应的范围是鼓楼区二环路以内的整体社区公共服务设施呈现大量集聚的特征。

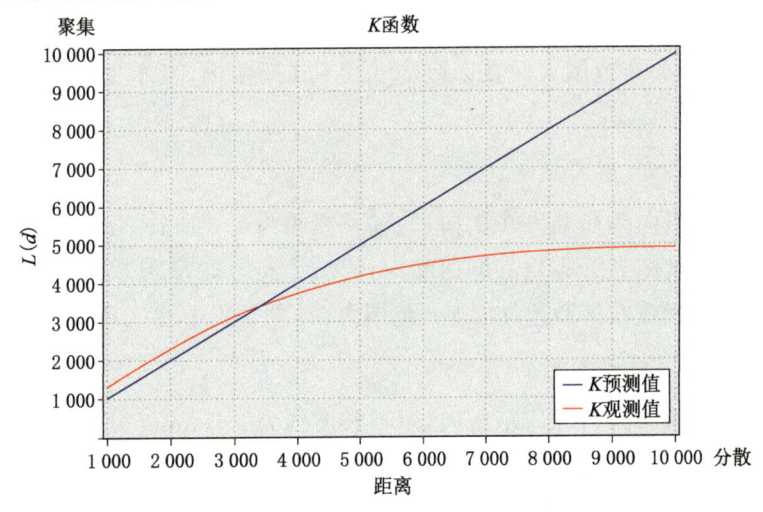

图 6-7　鼓楼区社区公共服务设施整体的多距离空间聚类分析结果

6.2.1.2 各类社区公共服务设施空间分布态势

运用标准差椭圆分析工具对 56 个幼儿园、66 个卫生服务站、30 个健身公园、56 个居家养老服务中心、31 个农贸市场分别进行数据计算,从宏观上探测其空间指向特征。鼓楼区各类社区公共服务设施点的空间分布态势见图 6-8。

1. 幼儿园空间分布态势

长轴指向为西北—东南向,短轴长度约为 1.74 km。分析表明,幼儿园设施点分布重心与鼓楼区区域几何中心相近,分布方向呈现西北—东南向的趋势,分布范围大致在区政府 0.8 km 范围内,且主要集中在核心区和内缘区。

2. 卫生服务站空间分布态势

长轴指向为西北—东南向,短轴长度约为 2.16 km。分析表明,卫生服务站设施点分布重心与鼓楼区区域几何中心相近,分布方向呈现西北—东南向的趋势,分布范围大致在区政府 1 km 范围内,且主要集中在核心区和内缘区。

3. 健身公园空间分布态势

长轴指向为西北—东南向,短轴长度约为 2.31 km。分析表明,健身公园设施点分布重心与鼓楼区区域几何中心相近,分布方向呈现西北—东南向的趋势,分布范围大致在区政府 1.2 km 范围内,且主要集中在核心区和内缘区。

4. 居家养老服务中心空间分布态势

长轴指向为西北—东南向,短轴长度约为 2.2 km。分析表明,居家养老服务中心设施点分布重心朝西北向偏离,分布方向呈现东南—西北的趋势,分布范围大致在区政府 2.2 km 范围内,且主要集中在三环路以内。

5. 农贸市场空间分布态势

长轴指向为西北—东南向,短轴长度约为 2.6 km。分析表明,农贸市场设施点分布重心与鼓楼区区域几何中心相近,分布方向呈现西北—东南向的趋势,分布范围大致在区政府 1.3 km 范围内,且主要集中在核心区和内缘区内。

（a）幼儿园

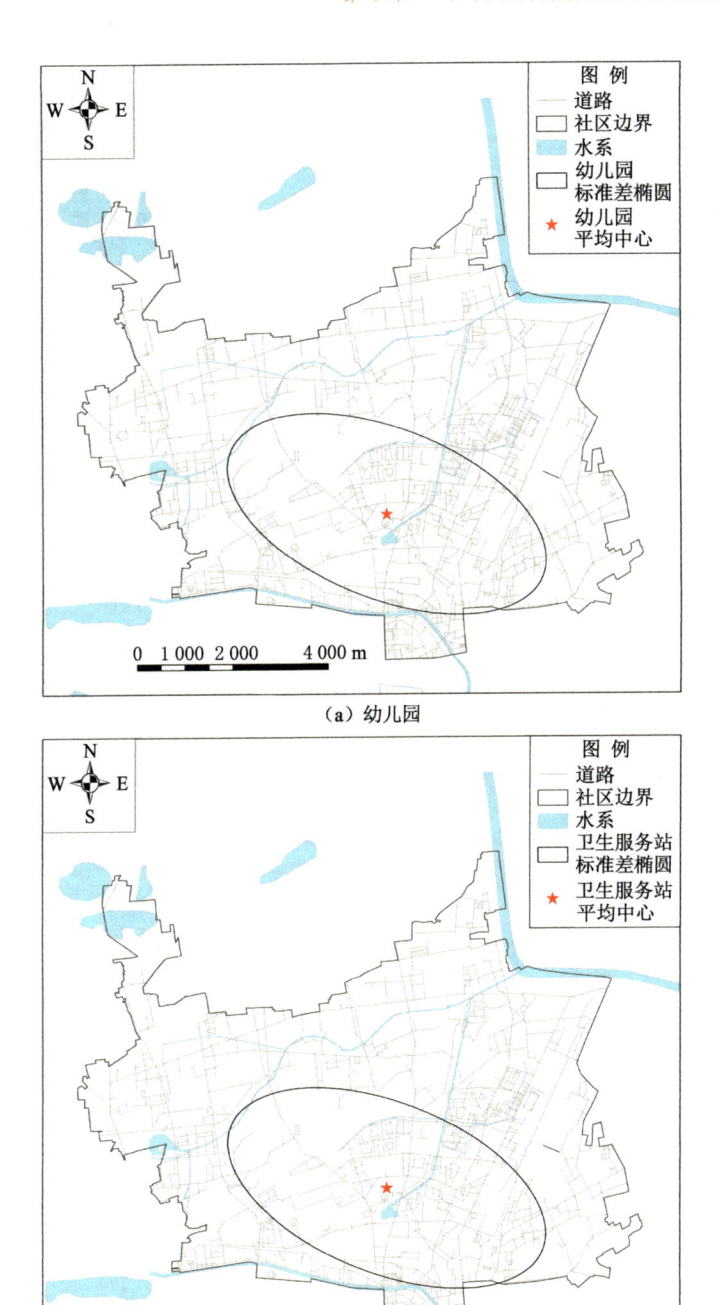

（b）卫生服务站

图 6-8　鼓楼区各类社区公共服务设施点的空间分布态势

(c) 健身公园

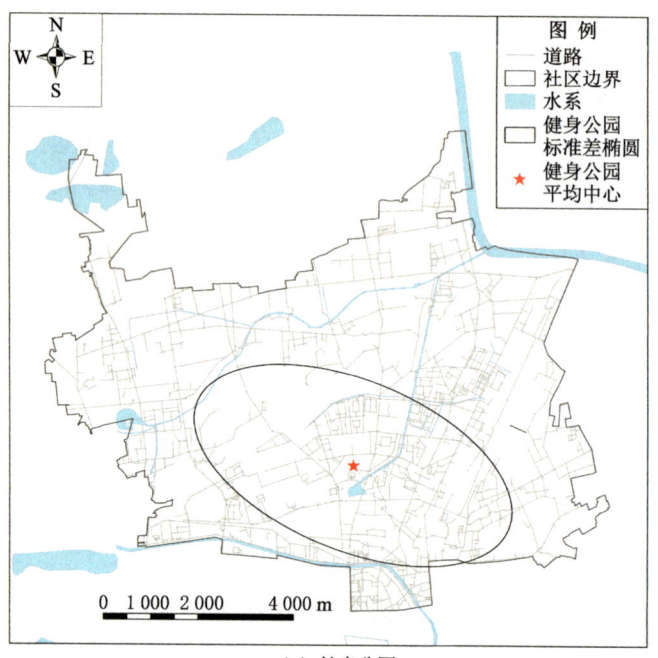

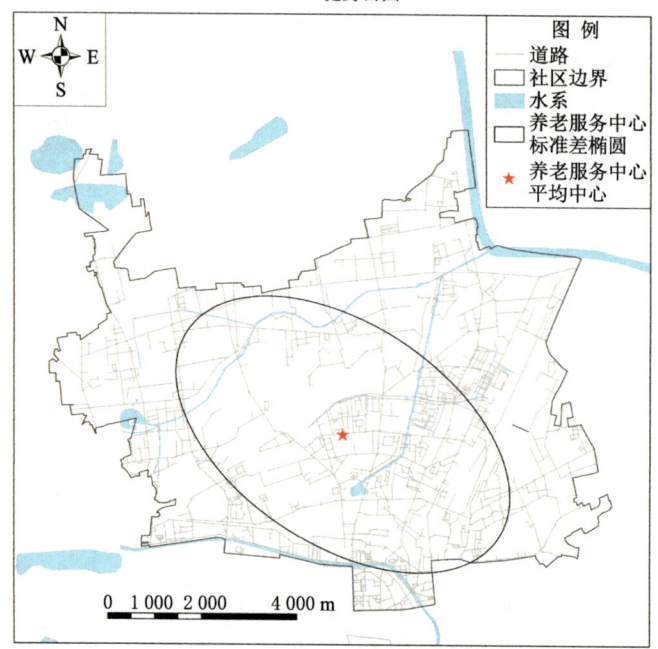

(d) 居家养老服务中心

图 6-8 (续)

(e)农贸市场

图 6-8 (续)

6.2.1.3 社区公共服务设施整体空间集聚特征

运用核密度分析法对 239 个社区公共服务设施点进行核密度计算,经过反复试验,选择的输出栅格数据集像元大小为 30 m,搜索半径为 300 m,模拟鼓楼区社区公共服务设施整体空间分布状况,探测到多个热点区域。鼓楼区社区公共服务设施整体核密度集聚分析见图 6-9。

就分布地区而言,社区公共服务设施点整体在二环北路南北侧地区核密度值达到最高值,范围涉及黄楼、环城、牌楼等街道片区;复兴北路以东地区、铜沛路地区、三环西路以东地区的核密度值仅次之,主要较大范围的集聚在丰财片区西部、铜沛片区南部、九里片区西部、琵琶片区南部;在三环北路附近地区,社区公共服务设施集聚的核密度值低,规模也较小。整体可知社区服务设施点的高密度集聚中心均在二环附近的核心区与内缘区,而在二环外仅有少量且低密度的集聚范围。

就分布特征而言,社区公共服务设施点的热点主要是核心主干道附近,

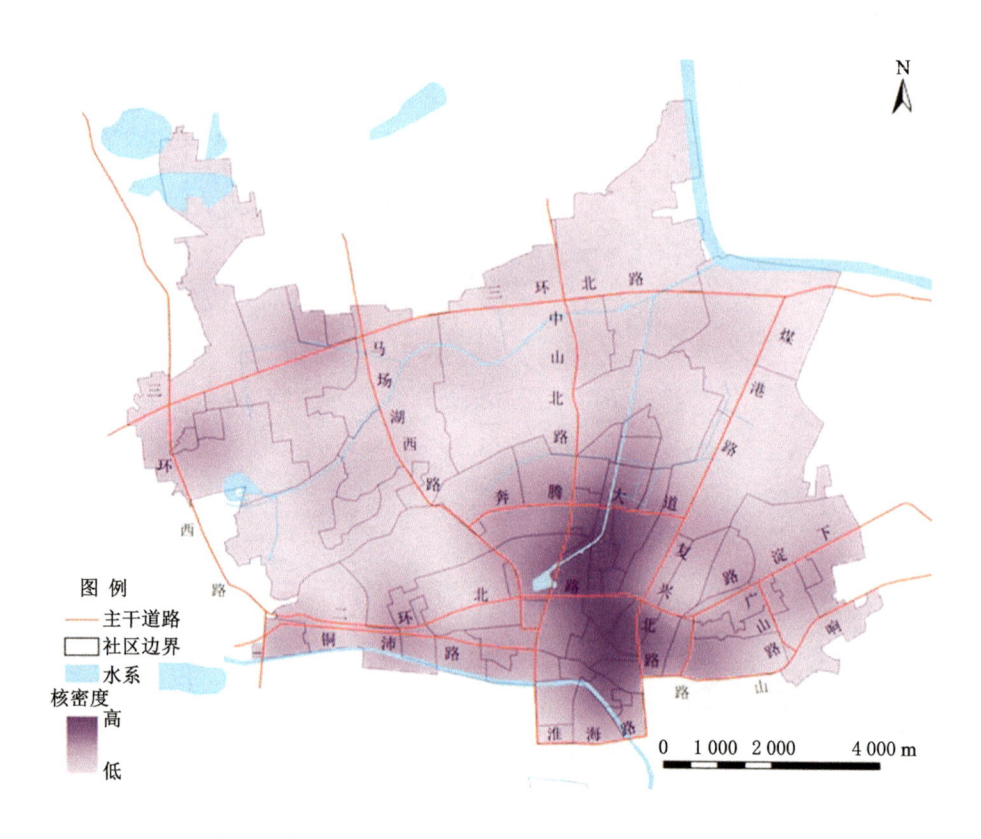

图 6-9　鼓楼区社区公共服务设施整体核密度集聚分析

道路交会和道路密集处易形成社区公共服务设施集聚。此外，黄楼、牌楼、环城此类商贸、服务产业多样化的地区也容易形成社区公共服务设施集聚热点。

6.2.1.4　各类社区公共服务设施空间集聚特征

由于城市的功能分区布局不同，不同空间区域的居住片区内社区公共服务设施布局会有所差异，因此会形成一定程度的空间分异现象。为了进一步揭示各类社区公共服务设施的空间集聚特征，以下对五类社区公共服务设施的空间格局进行分析。鼓楼区各类社区公共服务设施点核密度集聚分析见图 6-10。

1. 幼儿园空间集聚特征

幼儿园在环城街道地区核密度值达到最高值，范围涉及二环北路至奔

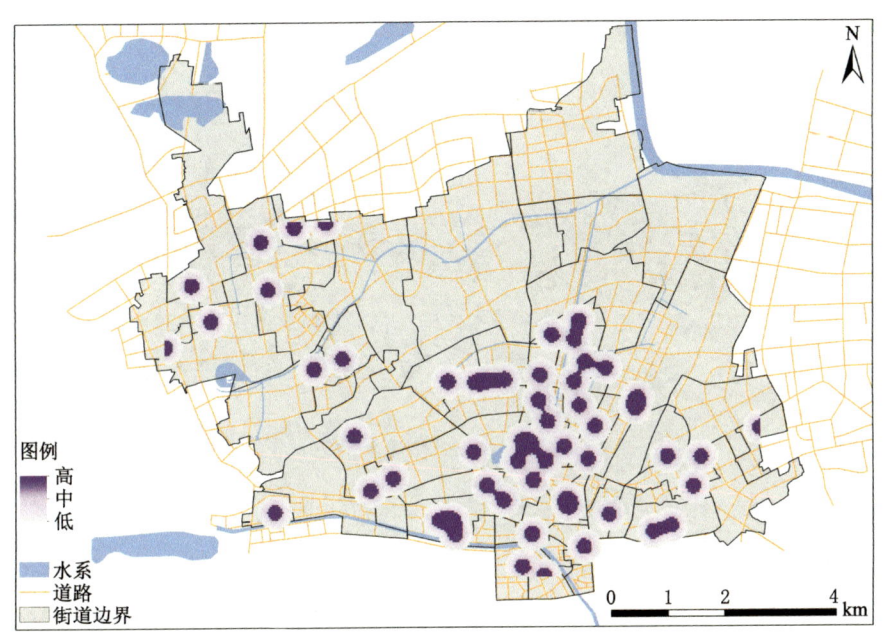

(a) 幼儿园

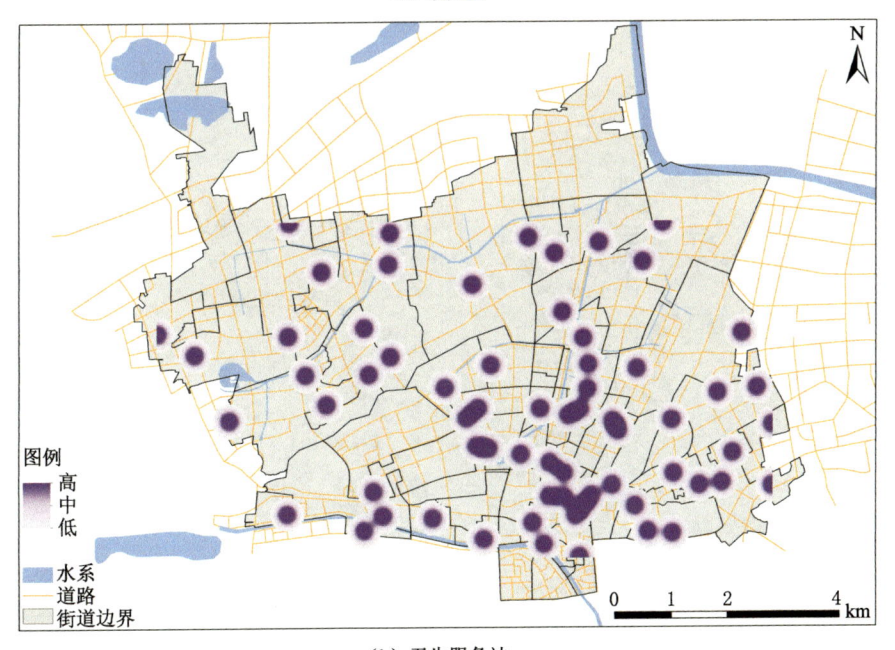

(b) 卫生服务站

图 6-10 鼓楼区各类社区公共服务设施点核密度集聚分析

(c) 健身公园

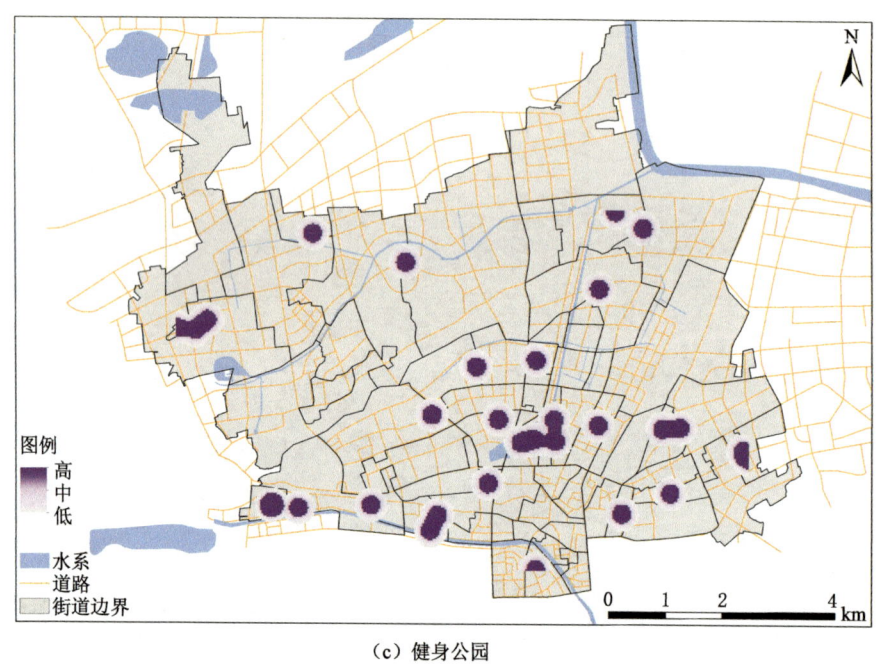

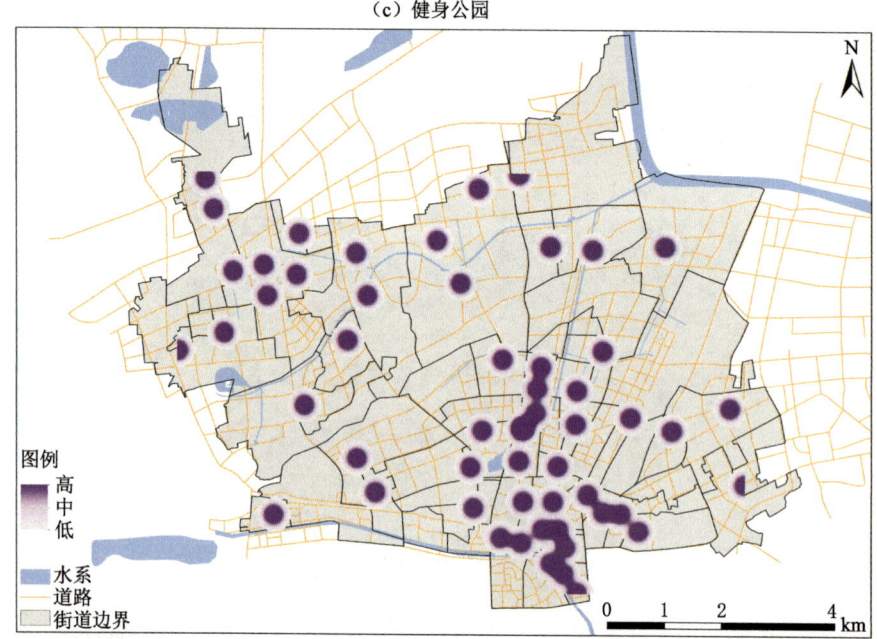

(d) 居家养老服务中心

图 6-10 （续）

(e) 农贸市场

图 6-10 （续）

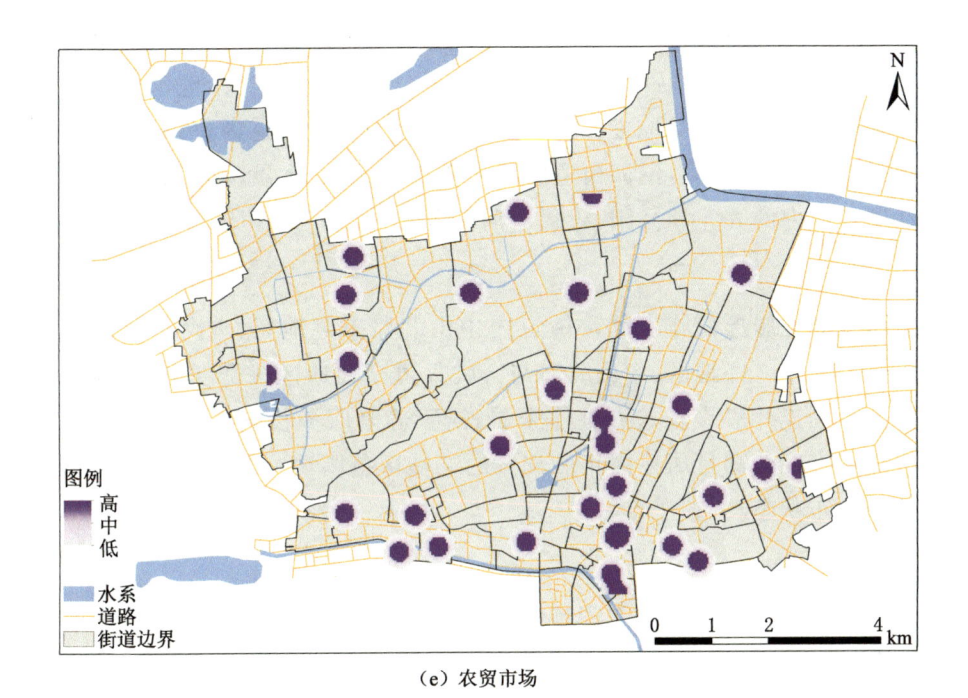

腾大道之间，中山北路与复兴北路之间围合街区，接近城市的几何中心。鼓楼区政府所在的牌楼街道、琵琶街道地区核密度值仅次之，在奔腾大道以北地区也有较大范围的集聚现象；在临近环城街道的黄楼街道北部、铜沛街道东侧核密度值也出现较低的集聚。整体来看，幼儿园设施分布现状主要集中于二环北路南北两侧一带，居住区内人口密度最为集中的地区，三环路以外的幼儿园设施布局严重不足。

2. 卫生服务站空间集聚特征

卫生服务站在复兴北路西侧核密度值最高，徐运新河东侧存在大范围连片集聚现象，其余地区卫生服务站集聚的核密度低、规模小，分布分散。整体来看，卫生服务站设施均匀分布在鼓楼区各居住区内，复兴北路—煤港路与中山北路之间有大范围的连片集中发展趋势。

3. 健身公园空间集聚特征

健身公园在九里街道内的三环西路东侧地区、铜沛街道的黄河故道沿岸带、九龙湖—徐运新河东西两路沿岸带呈高密度组团式分布,其余地区健身公园集聚的核密度值和规模均较小,分布分散。整体来看,健身公园分布主要集聚在依靠生态绿地资源丰富的地区,例如九里街道内龟山汉墓景区、孤山水库、丁万河南段,铜沛街道内的徐州市植物园、古黄河公园,牌楼街道与环城街道内的九龙湖公园、徐运新河南段。

4. 居家养老服务中心空间集聚特征

居家养老服务设施在牌楼街道内中山北路东侧地区、丰财街道内复兴北路—大庆路之间地区、中山北路与奔腾大道交会地区核密度值都较高,且出现大范围连片集聚现象。整体来看,居家养老服务设施更倾向于集聚分布在人口密度较高且居住区年份较长的老城区范围内。其他居民区呈均匀且分散分布状态。

5. 农贸市场空间集聚特征

二环北路至奔腾大道之间地区核密度值最高。整体来看,农贸市场在二环路以内的老城区设施点密集且规模相对较小,二环路与三环路之间则一般均匀分布,三环路以外呈衰减趋势。

6.2.2　社区公共服务设施配置水平的空间差异评价

计算各居住点到各类社区公共服务设施的平均可达时间,以 5 min 为时间间隔,将计算得到的平均可达时间划分为 5 min 以内、6~10 min、11~15 min、16~20 min、21~30 min 以及大于 30 min 等 6 个时间段。依据居民生活圈及居民步行可达范围,以从各居民区出发步行 30 min 以内可以到达的社区公共服务设施之间的距离,认定为该类社区公共服务设施的服务覆盖能力。鼓楼区各类社区公共服务设施服务范围分析见图 6-11。

30 min 以内社区公共服务设施服务水平一览表见表 6-3。如表 6-3 所示,将各类社区公共服务设施配置水平进行对比,结果显示五类社区公共服务设施在步行 30 min 以内的服务面积覆盖率与服务人口覆盖率都处于相对较高的水平。其中,卫生服务站的服务面积覆盖率与服务人口覆盖率均处于最高水平,表明医疗设施布点密集;健身公园的服务水平最低。此外,幼儿园与居家养老服务中心的服务人口覆盖率高于服务面积覆盖率,表示这两类设施具有人口高密度指向性,人口密度越高的地方分布越密集。农贸

（a）幼儿园

（b）卫生服务站

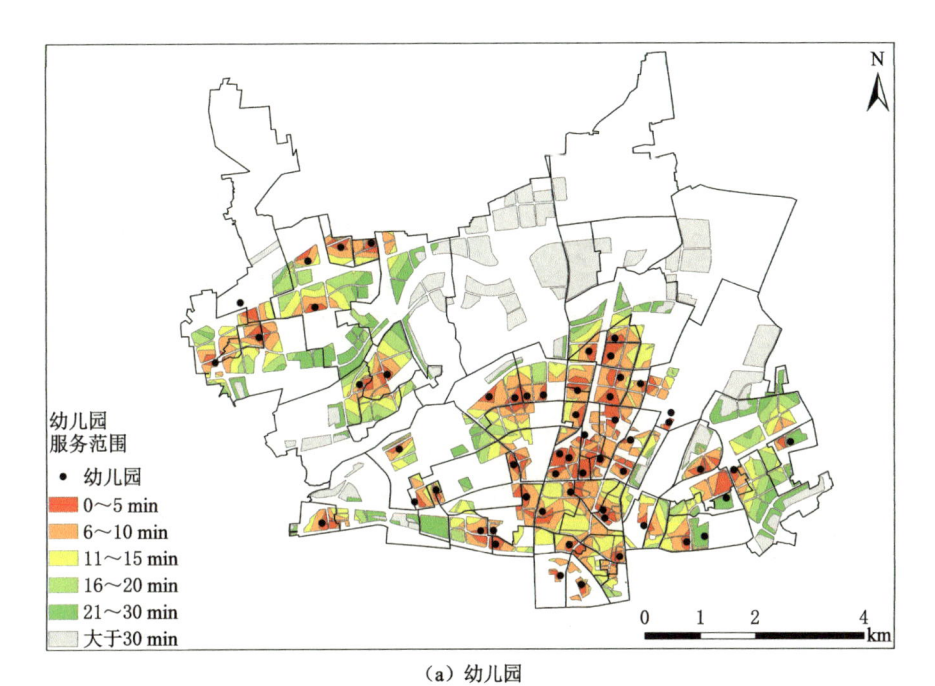

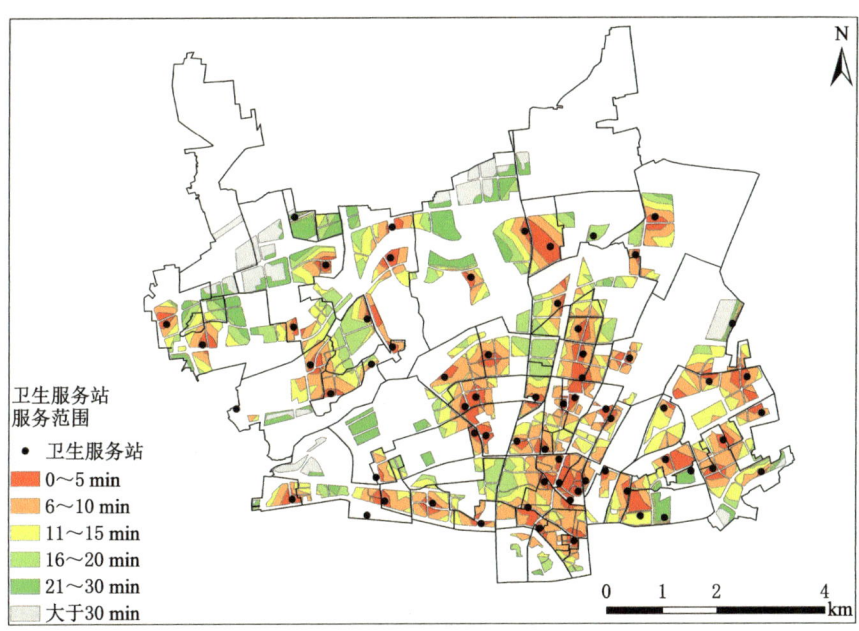

图 6-11　鼓楼区各类社区公共服务设施服务范围分析

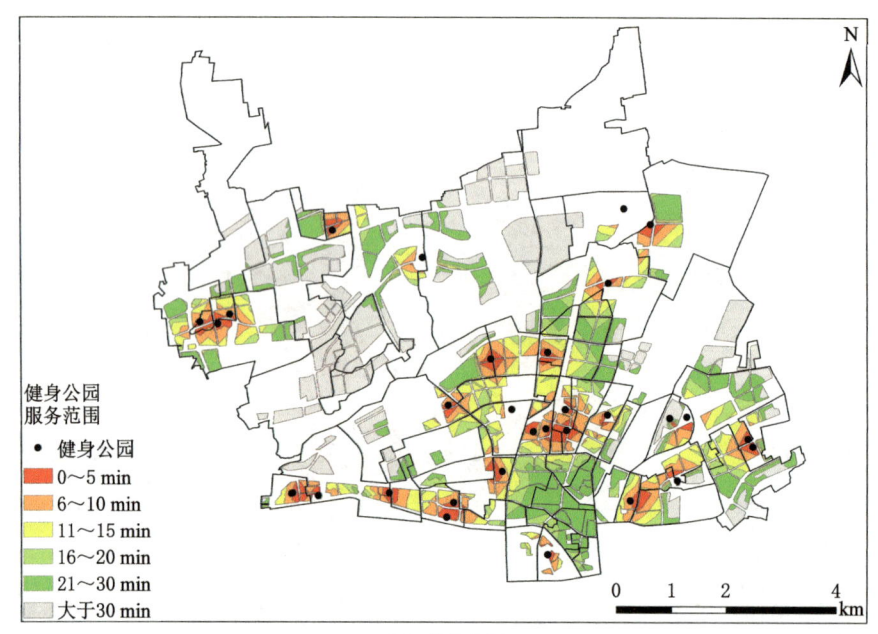

(c) 健身公园

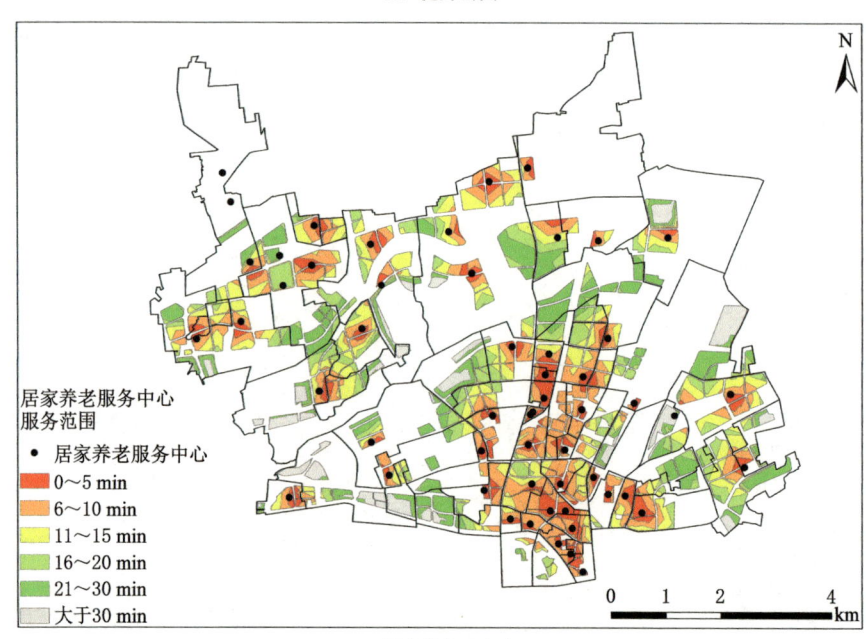

(d) 居家养老服务中心

图 6-11 （续）

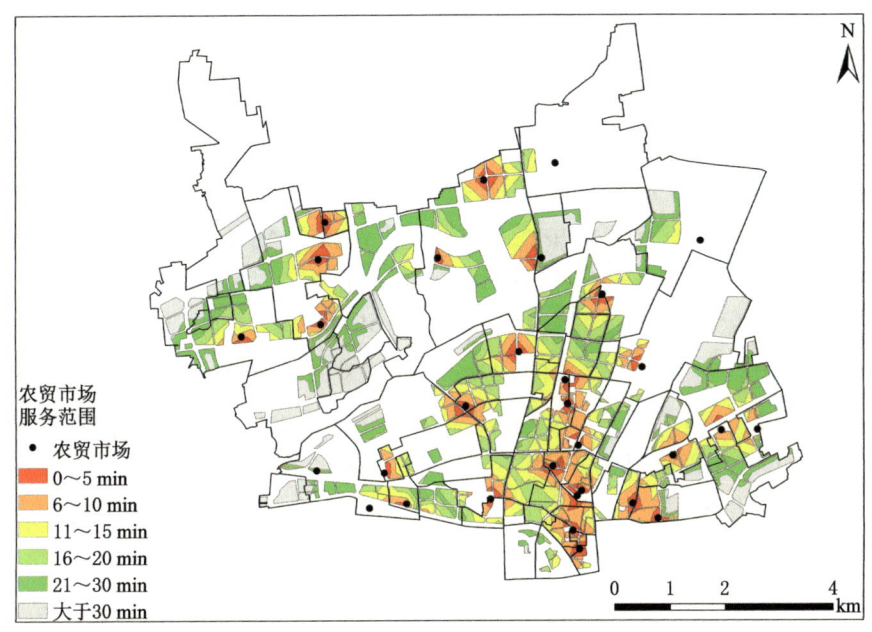

农贸市场服务范围
- 农贸市场
- 0~5 min
- 6~10 min
- 11~15 min
- 16~20 min
- 21~30 min
- 大于30 min

（e）农贸市场

图 6-11 （续）

市场的服务面积覆盖率略高于幼儿园，但服务人口覆盖率相对较低，说明农贸市场的布点易受用地规模及相关规定的限制，人口密度较大的地区用地紧张，造成服务人口覆盖率偏低。

表 6-3 30 min 以内社区公共服务设施服务水平一览表

设施类型	服务水平			
	服务面积 /km²	服务人口 /万人	服务面积覆盖率 /%	服务人口覆盖率 /%
幼儿园	17.21	34.43	75.42	85.60
卫生服务站	21.08	42.17	92.37	87.69
健身公园	15.55	31.10	68.11	64.67
居家养老服务中心	21.08	42.16	84.34	86.67
农贸市场	18.02	36.05	78.95	74.96

从各居住片区来看，社区公共服务设施的配置水平的区间差异明显，按核心区—内缘区—外缘区递减。鼓楼区各街道社区公共服务设施服务水平玫瑰风图见图 6-12。从图 6-12 可以大致看出各街道社区公共服务设施差异。核心区是服务水平较高的区域，例如位于老城区内的黄楼片区与环城片区服务面积覆盖率最高，其城市建设时间较长，导致社区公共服务设施布局多集中在该区域内，设施类型也相对多样。内缘区受城市空间拓展的影响，例如区内政治文化中心的牌楼片区、南邻泉山区的铜沛片区以及产业调整转型的丰财片区，正处在产业、人群不断集聚的过程中，配置水平居中间层次。外缘区的社区公共服务水平最低，例如九里片区与琵琶片区有大量涉农人口，存在大面积城中村或棚户区，在逐步加快的城市化进程中，将成为未来空间拓展区域，主要用来承接从核心区与内缘区移出的产业，提高居民生活质量，改善居民生活环境，促使居民涌入。

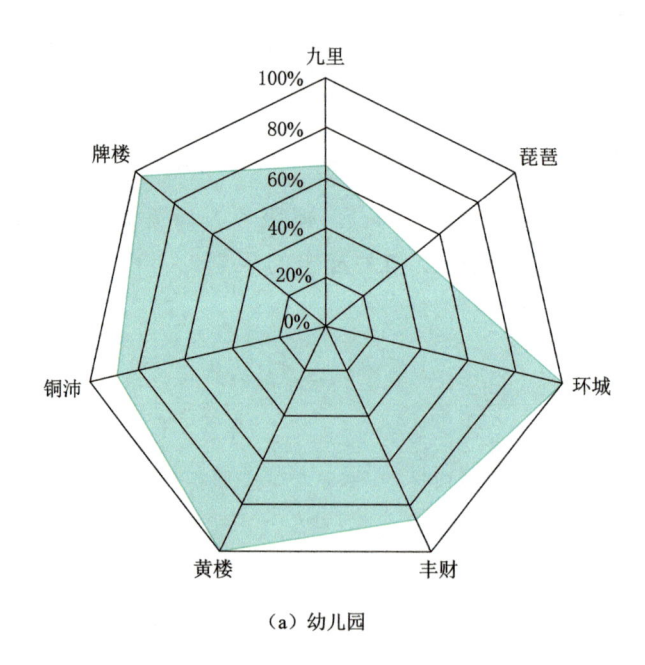

(a) 幼儿园

图 6-12　鼓楼区各街道社区公共服务设施服务水平玫瑰风图

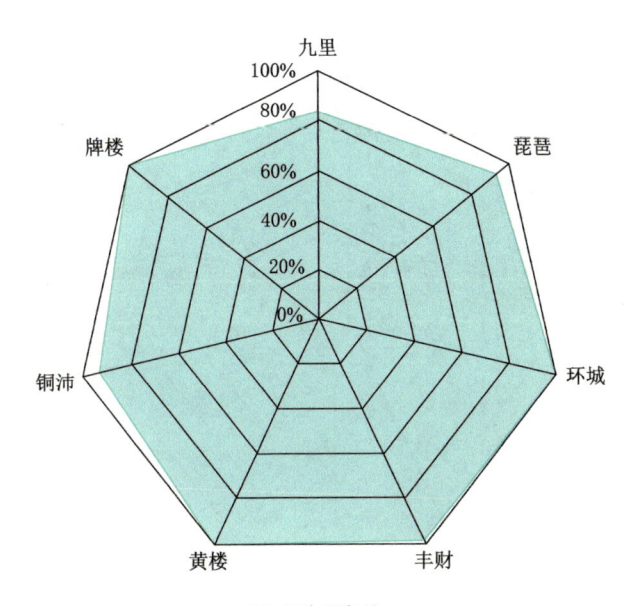

(b）卫生服务站

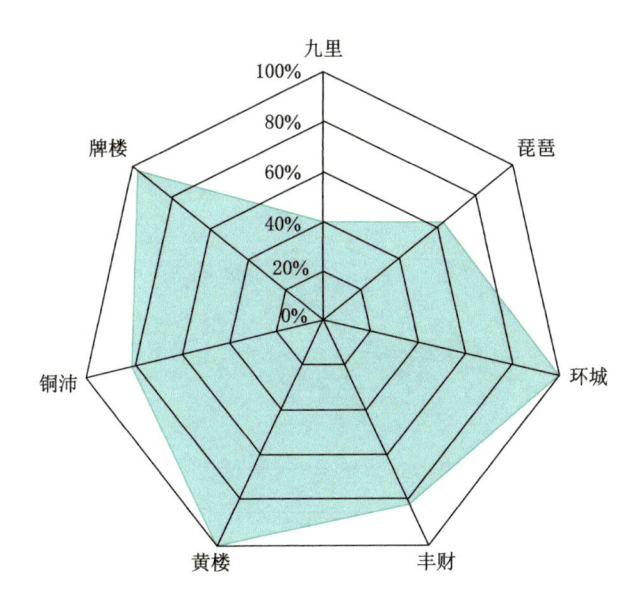

(c）健身公园

图 6-12 （续）

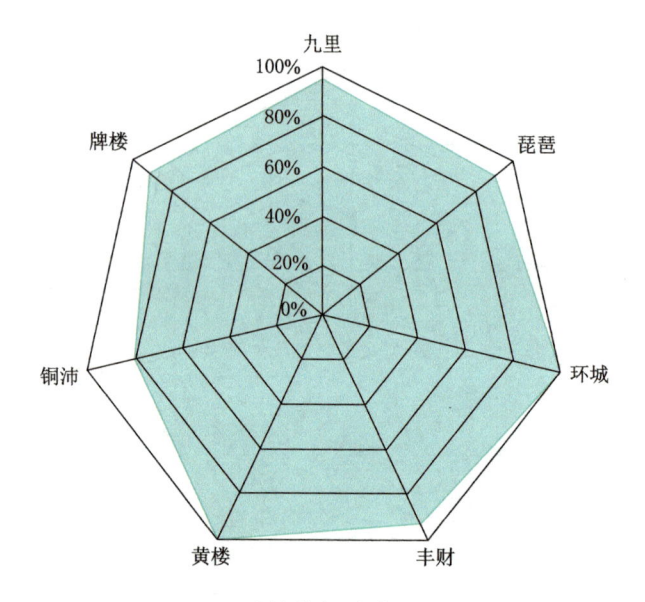

(d）居家养老服务中心

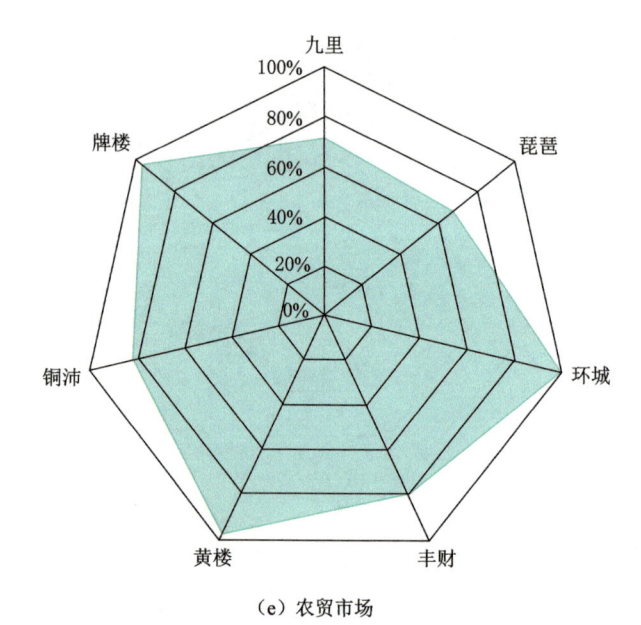

(e）农贸市场

图 6-12 （续）

6.2.3 社区公共服务设施空间配置公平性评价

以居民点为起点,各类型社区公共服务设施点为目的地,计算各居民点到达各类社区公共服务设施点的可达时间,阈值设定为 2 km,可达性范围分为:$A_i \geq 20$、$10 \leq A_i < 20$、$8 \leq A_i < 10$、$6 \leq A_i < 8$、$A_i < 6$,依次对应可达性"优秀""良好""一般""较低""不合格"等 5 个等级。

鼓楼区社区公共服务设施整体可达性见图 6-13。选定区域内共有居民点 330 个。对于居民点可达性等级而言,可达性优秀的有 41 个,约占 13%;可达性良好的有 111 个,约占 34%;可达性一般的有 64 个,约占 19%;可达性较低以及不合格的居民点分别有 67 个和 47 个,约占 20% 和 14%。各可达性等级居民点个数见图 6-14,各可达性等级的比例见图 6-15。

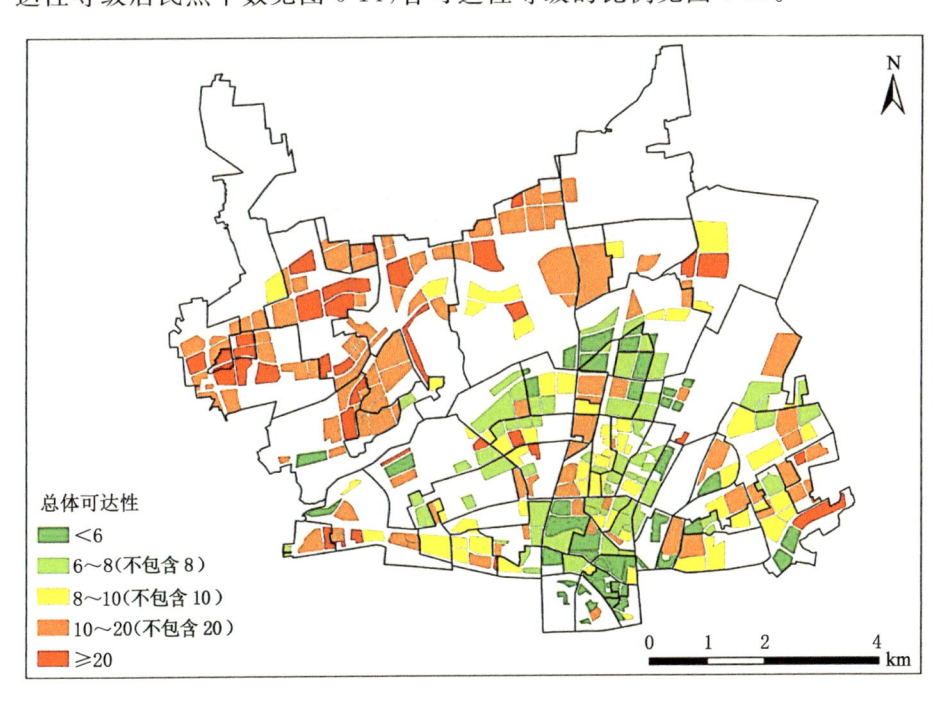

图 6-13 鼓楼区社区公共服务设施整体可达性

图 6-13 显示,鼓楼区居民点到达社区公共服务设施可达性水平的空间分异显著,且均呈现出由城市中心区向外围增长的特征。具有高可达性的居民点分布特征主要为向中心集聚、周边散布,中可达性的居民点主要呈主城区边

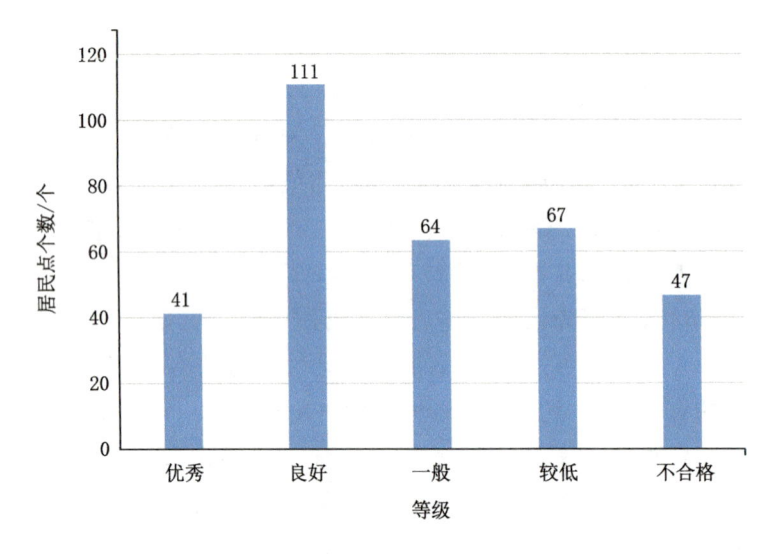

图 6-14　各可达性等级居民点个数

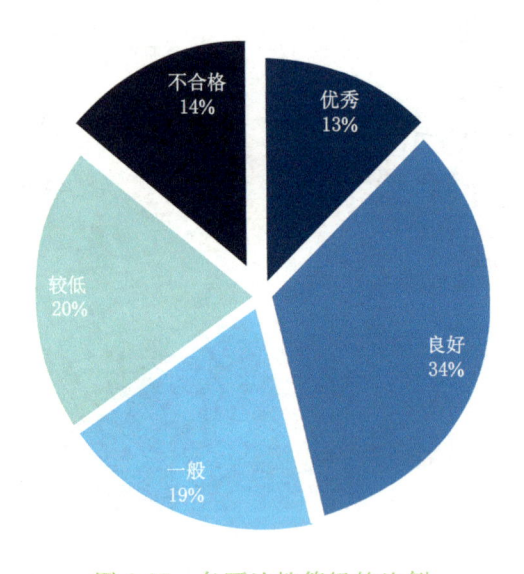

图 6-15　各可达性等级的比例

缘零散分布,以及二环与三环之间广泛分布的特点,低可达性的居民点则呈现老城区集聚的特征。在阈值为 2 km 的参数条件下仍然无法到达任何社区公共服务设施的区域定义为社区公共服务设施供给弱势区,即可达性不合格的居民区。阈值 $d_0=2$ km 不同可达性区域的人口占比见表 6-4。

表 6-4　阈值 $d_0=2$ km 不同可达性区域的人口占比

可达性	优秀	良好	一般	较低	不合格
人口占比/%	4	20	18	39	19

对社区公共服务设施供给弱势区的人口空间分布特征进行分析,发现以下三个特征:第一,在空间区位上,社区公共服务设施供给弱势区往往位于鼓楼区核心区和边缘区;第二,在人口密度上,社区公共服务设施供给弱势区超过70%的均为人口20 000人/km² 的城区中心地区;第三,在地理条件上,社区公共服务设施供给弱势区多处于二环北路以南、复兴北路以西的老城区,大部分位于鼓楼区中南部,并零星分布于鼓楼区东南角。

鼓楼区社区公共服务设施供给弱势区的判别及不可达区域内人口密度见图 6-16。由图 6-16 可知,鼓楼区的核心区内的大部分居民点的社区公共服务设施可达性主要由低公平性组成。这种现象的产生与核心区高密度人口密切相关,相对于低人口密度集聚区,人口数量越密集的区域内社区公共服务设施

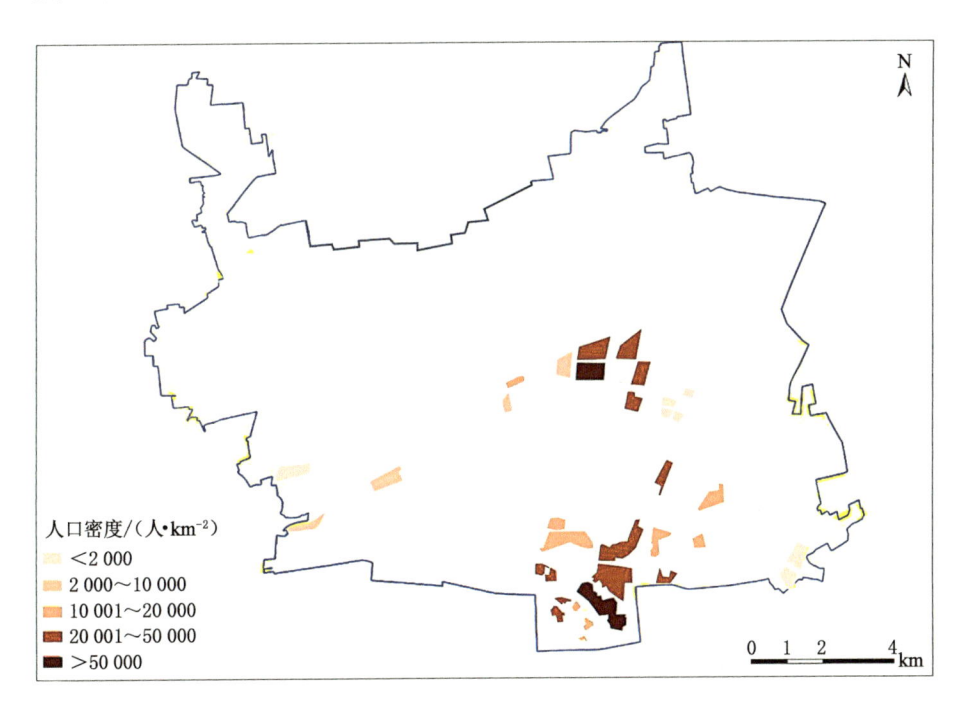

图 6-16　鼓楼区社区公共服务设施供给弱势区的判别及不可达区域内人口密度

获取的公平性就越差。除此之外，社区公共服务设施的面积也在一定程度上影响居民获取的公平性，核心区内由于建成时间较长，土地利用紧张，导致大部分社区公共服务设施"见缝插针"式分布，很难满足核心区内的居民生活需求。地理位置相对远离老城区的偏远外缘区，社区公共服务设施用地空间较充足，人口密度较为小，因此社区公共服务设施公平性值就会相对较高。

社区公共服务设施公平性评价主要还是考虑到人均的拥有量数据，本书虽然没有在评价指标中明确列出人均拥有量，但其他指标也侧面反映出社区公共服务设施的共享水平高低。公平性较低的区域社区公共服务设施的共享能力较差，公平性较高的区域社区公共服务设施的共享能力较好。

核心区的社区公共服务设施配置数量多，但人口密度高，社区公共服务设施的人均享有服务大幅下降，核心区内的服务弱势区占比40%，完善区域内部功能与分流人口成为核心区未来发展的主要任务。外缘区的社区公共服务设施配置数量最低，但人口密度不高，未来应以提高社区公共服务设施质量与使用效率为主。内缘区处于核心与外缘的过渡区域，作为城市开发区域，承接核心区分散的人流以及产业，成为区域内政治文化和独立工业区发展地带，是社区公共服务设施建设的重点区域。

6.2.4 社区公共服务设施空间类型分析

按照第3章的研究方法，将各居住单元内各类社区公共服务设施可达性代入式(4-8)，利用 ArcGIS 的空间自相关(Moran's I)模块计算全局 Moran's I，计算其检验的标准化统计量 Z，计算结果见表6-5。从表6-5可以看出，5类社区公共服务设施可达性以及综合可达性的全局 Moran's I 指数均为正值。这表明鼓楼区的社区公共服务设施存在显著且正向的空间自相关，其空间分布表现出相似值之间的空间集聚，而不是随机性。

表6-5 各类社区公共服务设施的全局 Moran's I 指数

测量指标	Moran's I 指数
健身公园可达性	0.318 145
居家养老服务中心可达性	0.224 251
农贸市场可达性	0.406 525

表 6-5(续)

测量指标	Moran's I 指数
卫生服务站可达性	0.157 962
幼儿园可达性	0.146 444
社区公共服务设施可达性综合水平	0.308 355

通过 ArcGIS 的聚类和异常值分析(Anselin Local Moran's I)模块,把各居住单元的社区公共服务设施可达性值代入计算,生成鼓楼区社区公共服务设施可达性局部空间自相关特征图(见图 6-17)。通过局部自相关分析,找到鼓楼区内部各居住单元与其相邻单元的相关关系,反映出整个区域内的社区公共服务设施发展公平情况。

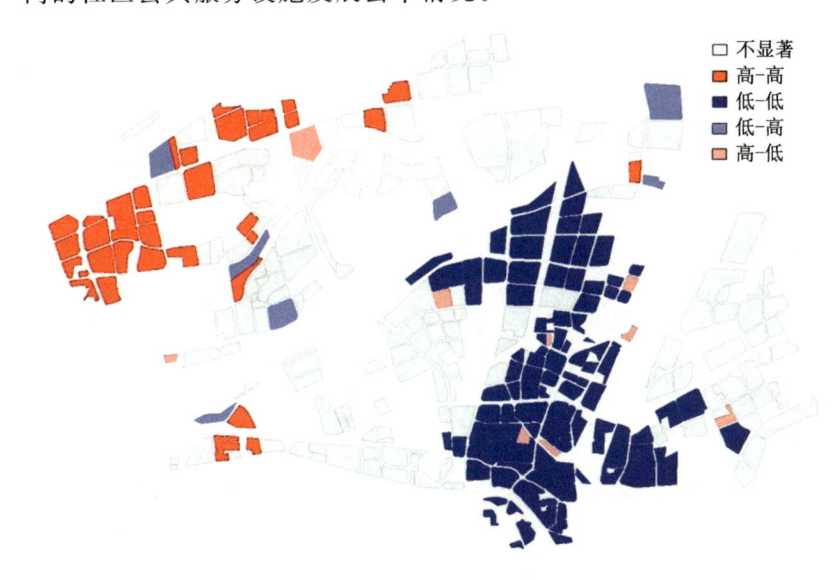

图 6-17　鼓楼区社区公共服务设施可达性局部空间自相关特征图

在社区公共服务设施的服务发展水平中,"高—高"集聚区集中分布于九里片区内北三环与西三环交会的西北部,其自身以及周边社区的发展水平都较高。"高—低"集聚区零星分布于鼓楼区中部和东部居住地。"低—低"集聚区大量集中分布于二环北路以南的城市空间核心区;铁路枢纽以东和三环北路以南的城市空间内缘区,其自身发展水平与周边社区的发展水平都较低。"低—高"集聚区集聚状态并不十分明显,主要散布在"高—高"集聚区周边,其自身发展水平低于周边社区发展水平。

  鼓楼区的社区公共服务设施发展情况表明,鼓楼区的社区公共服务设施配置存在明显的空间集聚与空间不公平特征,鼓楼区城市空间的外缘区为高公平程度集聚区(见图6-18)。其中,美尔社区、孤山北社区、徐矿城社区、万科城社区、九里新苑社区均为2000年后建成的商品房社区;孤山社区、拾东社区等涉农社区,也在2020年完成棚户区改造,建成拆迁安置小区,生活环境得到改善,社区公共服务设施配套得到完善。在该地区与社区公共服务设施使用相关的道路建设、交通配套等都明显优于其他社区,也与城区规划中将该片区发展成为新型生态居住片区的发展方向相吻合。二环北路以南的城市核心区,以及铁路枢纽以东、三环北路以南的城市空间内缘区为低公平程度集聚区(见图6-19),除了受到大型铁路枢纽及铁路线等地理要素的影响,该区域内的社区构成复杂,其中含有徐州市老城区北部商贸中心片区、区政府及九龙湖附近的中部大量居住地、铁路枢纽以东下淀路以北的独立工业区,社区之间发展水平的差异也造成公平性较低。整个鼓楼区范围内呈现社区公共服务设施不公平分布的特征。

图6-18 鼓楼区城市空间外缘区可达性"高—高"集聚区卫星图

图 6-19　鼓楼区城市空间内缘区可达性"低—低"集聚区卫星图

对各居民点的社区公共服务设施空间可达性的绝对数值进行标准化处理得出散点图。将鼓楼区社区公共服务设施空间划分为成熟型社区公共服务区、过渡型社区公共服务区、滞后型社区公共服务区、失衡型社区公共服务区等 4 类。鼓楼区社区公共服务设施空间类型划分坐标图见图 6-20。

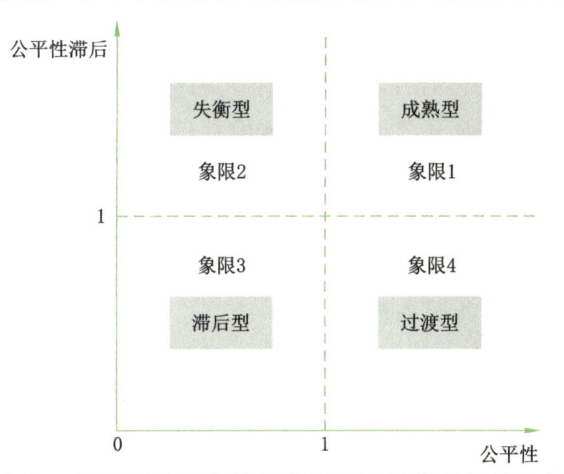

图 6-20　鼓楼区社区公共服务设施空间类型划分坐标图

成熟型社区公共服务区是指社区公共服务设施的供给数量可以满足绝大部分居民的需求,且与居民点空间分布相协调,交通、道路等配套相对完善,用地结构相对稳定,居民享有社区公共服务的优势并未因人口拥挤等因素而下降。这些地区的社区公共服务设施已开始由均等化向优质化发展。例如,鼓楼区西北部的美尔社区、孤山北社区、徐矿城社区、万科城社区、九里新苑社区等近年新建的商品房社区以及完成拆迁安置的孤山社区、拾东社区等。

滞后型社区公共服务区是指社区公共服务设施不能满足居民需求,服务区内存在服务盲区。此类社区公共服务区有两种情况,一是配置的社区公共服务设施多,且社区公共服务设施的使用效率也相对较高,但片区内人口过度拥挤,或者片区内存在较为复杂的人群结构和自然环境。这种情况需要以疏散片区人口为主,优化社区公共服务设施空间布局选址,与居住用地、道路交通等结构紧密结合,减少区域间的服务差异。二是社区公共服务设施配置与人口密度都较低,居民不能便捷享有社区公共服务设施的片区,未来应以提高社区公共服务设施数量与质量为主。这些问题主要出现在城市核心区,例如鼓楼区的黄楼片区、环城片区内的社区。即使这些区域内配置的社区公共服务设施数量相对较多、质量较好,但这些社区人口密度非常大,居民享有社区公共服务设施的优势被大打折扣,疏散人口成为该区域未来的主要任务。此外,一些行政片区内的社区情况较为复杂,内部差异过大或者有铁路枢纽、铁路线、自然山水等阻挡,造成片区内社区公共服务设施配置不足或缺失。例如,城市内缘区的牌楼片区、琵琶片区、丰财片区,牌楼片区和琵琶片区内包含老城区北部商贸中心、区政府、九龙湖公园等,区域内社区构成复杂;丰财片区则位于徐州东站铁路枢纽以东、下淀路以北,是一个独立的工业区,社区之间发展水平的差异造成公平性较低。以上情况需要大量增加区域内社区公共服务设施数量,改善交通、道路等配套设施建设,并结合各区域内的居住用地合理布局社区公共服务设施。

过渡型社区公共服务区是指社区公共服务设施分布数量少、质量低,但人口密度相对不高,社区公共服务设施配置尚能满足居住片区人群对公共服务的需求,处于向成熟型社区发展的过渡阶段。过渡型社区公共服务区要紧密结合居住用地布局,避免未来的社区公共服务设施配置出现资源浪费问题，应以进一步提升社区公共服务水平为主要发展方向。

失衡型社区公共服务区是指社区公共服务设施分布数量与质量可以满足居民基本需求。例如城市核心区、内缘区内的一些社区，人口密度低于周边高密度社区，且社区公共服务设施配置也相对较多，但由于其空间布局未能与居住用地紧密结合，造成该区域内公共服务水平严重失衡。

6.3 社区公共服务设施空间服务水平评价

在对鼓楼区各居民点进行调查的基础上，本节进一步对鼓楼区典型居住片区的社区公共服务设施空间服务水平进行评价。以社区公共服务设施的客观空间可达值与居民主观感知可达性得分的比较结果为基础，注重分析社区公共服务设施的空间可达值与感知可达性得分相对落差较大的社区。同时，感知可达性影响因子会在微观层面上得到具体的体现，本章主要探讨居民对社区公共服务设施的具体需求特征。

6.3.1 以牌楼街道为例

牌楼街道位于鼓楼区中心位置，面积约 4.6 km²。牌楼街道东起徐运新河，西至天齐路，南达二环北路，北抵九里山南，地理位置优越，交通便利，中山北路、二环北路、机场路、奔腾大道、马场湖路等市区主干道穿境而过。驻辖单位有鼓楼区政府机关、徐州绿健乳业有限责任公司、江苏华厦融创置地集团有限公司等 30 余家机关事业及规模以上企业。九龙湖公园、九里山景区亦坐落其中。牌楼街道常住人口 10 577 户，25 986 人，下辖 8 个社区居民委员会，7 个城市社区：绿健社区、华厦社区、水云间社区、鼓楼花园社区、锦园社区、雅园社区、桂园社区，一个涉农社区：马场社区。鼓楼区牌楼街道示意图见图 6-21。

6.3.2 社区公共服务设施空间感知可达性得分情况

根据调研问卷第 35 题的打分统计获取居民感知可达性得分情况，问题 Q35："您对社区整体公共服务设施空间使用是否满意？"该题项有 A 满意、B 比较满意、C 一般、D 不太满意、E 很不满意等 5 个不同级别评价，但是为了

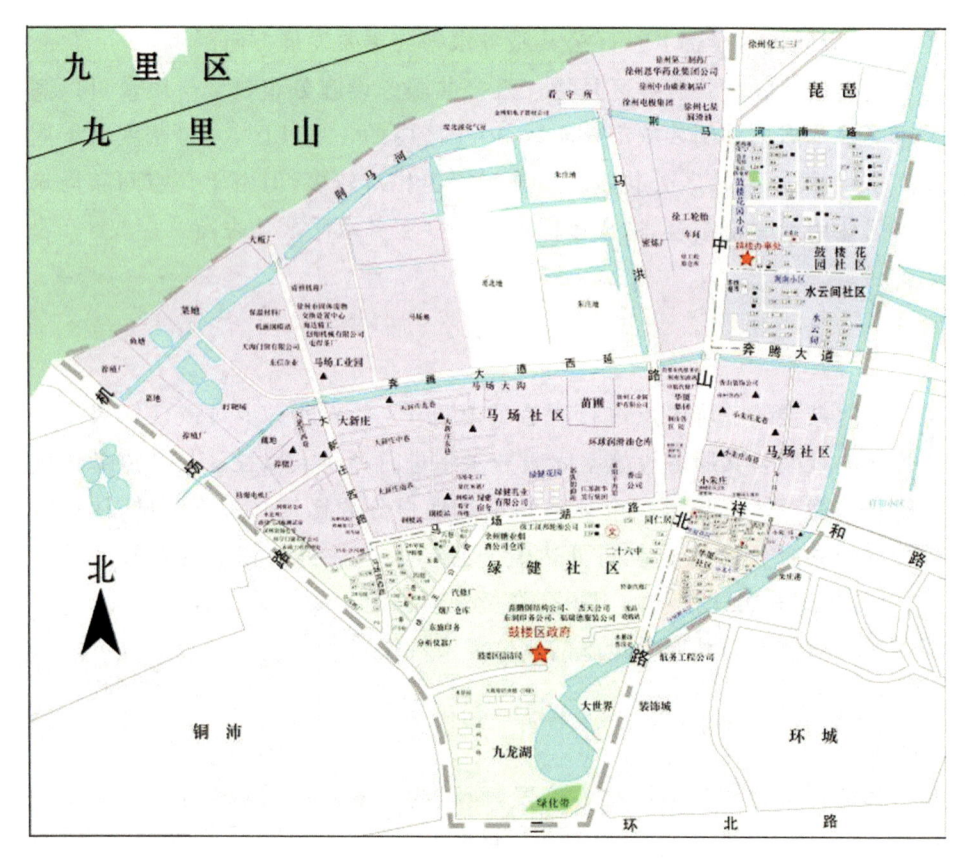

图 6-21 鼓楼区牌楼街道示意图
(资料来源:徐州市人民政府网站)

方便后续的数据统计,选择将该题项中 D、E 两项合在一起,然后将 4 个级别的评价分别确定为 8、6、4、2 分,继而计算出样本居民打出的分数,各社区样本居民所打分数的平均值即为此社区的感知可达性得分。为了便于比较,将牌楼街道 8 个社区的感知可达性得分 X 分为高、中、低 3 个层次。感知可达性得分范围划分见表 6-6。

表 6-6 感知可达性得分范围划分

感知可达性层次	高感知	中感知	低感知
感知可达性得分范围	$X>5.0$	$3.8 \leqslant X \leqslant 5.0$	$X<3.8$

平行排列各社区的空间可达值以及感知可达性得分,可得牌楼街道社区空间可达值与感知可达性得分比较结果,见表6-7。从表6-7可以观察出,随着空间可达值的降低,感知可达值总体呈现下降趋势。部分社区的空间可达性得分相对较高,但居民对社区公共服务设施空间的感知可达性打分却相对较低;但同时空间可达性得分并不高的水云间社区,居民则认为拥有感知较好的社区公共服务设施空间。

表6-7 牌楼街道社区空间可达值与感知可达性得分比较结果

社区名称	空间可达值	感知可达值	感知可达性评价结果		
			高	中	低
绿健社区片区1	13.09	4.15		▨	
绿健社区片区2	8.20	3.25			▨
华夏社区	11.98	3.63			▨
鼓楼花园社区	11.64	5.25	■		
雅园社区	11.11	4.21		▨	
马场社区	9.49	3.30			▨
水云间社区	9.16	5.02	■		
锦园社区	7.11	3.70			▨
桂园社区	6.97	3.63			▨

6.3.3 基于空间感知可达性的社区公共服务设施空间服务水平评价

6.3.3.1 绿健社区

绿健社区是牌楼街道最靠南的一个社区,东临环城街道西接铜沛街道,东西向的二环路、马场湖路与南北向的中山北路、九龙湖西路一起围合了绿健社区(见图6-22)。绿健社区内分为两个居住区:居住片区1——湖畔花园、九龙湖公寓;居住片区2——马场湖路北片区。其中,马场湖路北片区为棚户区,多为平房和工人村;湖畔花园和九龙湖公寓为商品房,分别建于2005年和2008年。绿健社区常住人口约2 218人。该居住区的居民对该社区公共服务设施空间的感知可达性评价分别为4.15和3.25。居住片区1

的居民对社区公共服务设施空间的感知可达性评价处于中感知水平,居住片区 2 的居民对社区公共服务设施空间的感知可达性评价处于低感知水平。从量化的空间可达值来看,社区内棚户区对公共服务设施的可达值属于一般等级,居民对空间感知的评价结果较低。为了分析出现这种差异的原因,本书进而有针对性地展开了调查研究。绿健社区空间可达值与感知可达性得分比较结果见表 6-8。

图 6-22　鼓楼区绿健社区区位图

表 6-8　绿健社区空间可达值与感知可达性得分比较结果

社区名	空间可达性评价结果			感知可达性评价结果		
绿健社区	良好	一般	较低	高	中	低
居住片区 1	■				■	
居住片区 2		■				■

空间环境方面,分别从空间视觉吸引力、空间可达过程感受、空间氛围体会三个方面进行了评价。从平均得分情况看,绿健社区的得分情况分化

较为明显。居住片区 2 的居民对空间视觉吸引力、空间氛围体会的感知可达性评价处于低感知水平,对空间可达过程感受的感知可达性评价处于中感知水平;并且在行为偏好方面皆不推荐和参与,整体空间感知可达性评价处于低感知水平。居住片区 1 的空间视觉吸引力(4.32)、空间可达过程感受(4.20)、空间氛围体会(4.00)总体满意度达到了 4.15,在 3.8 以上,该片区居民对公共服务空间的整体空间感知可达性评价处于中感知水平。绿健社区居民对公共服务空间的感知可达性评价见表 6-9。

表 6-9 绿健社区居民对公共服务空间的感知可达性评价

片区划分	类别	得分	类别	得分
居住片区 1	空间视觉吸引力	4.32	推荐行为	3.96
	空间可达过程感受	4.20	参与行为	4.00
	空间氛围体会	4.00	总体满意度	4.15
居住片区 2	空间视觉吸引力	3.12	推荐行为	3.00
	空间可达过程感受	3.91	参与行为	3.26
	空间氛围体会	3.76	总体满意度	3.25

路径空间方面,通过实地踏勘发现,绿健社区内的路径构成较为复杂。鼓楼区绿健社区公共服务设施及居住区出入设置见图 6-23。绿健社区南部为市级九龙湖公园开放绿地空间,中部为鼓楼区区政府办公用地,北部散布现代商务产业园、绿健乳品厂、徐州橡胶厂等产业功能用地。居住片区主要集中在沿九龙湖西路以东地块。马场湖棚户区内道路狭窄、复杂,在马场湖路和九龙湖西路上有 4 个主要出入口,内部道路仅有通过一辆车的宽度。湖畔花园和九龙湖公寓基本配套设施相对较为完善,道路两侧除大量居民私家车停车现象较多外,其道路较为通畅和安全。

公共服务空间方面,通过对功能区进行分析发现,该社区的居住区分布十分分散,导致社区公共服务设施空间分布也较分散。居住片区 1 设有社区卫生与养老服务设施,一街之隔的铜沛街道怡康花园内也配置了幼儿园、健身公园等较为方便达到的社区公共服务设施。居住片区 1 除了东侧有一个健身公园设施外,其他可达的社区公共服务设施均在一街之隔的马场社

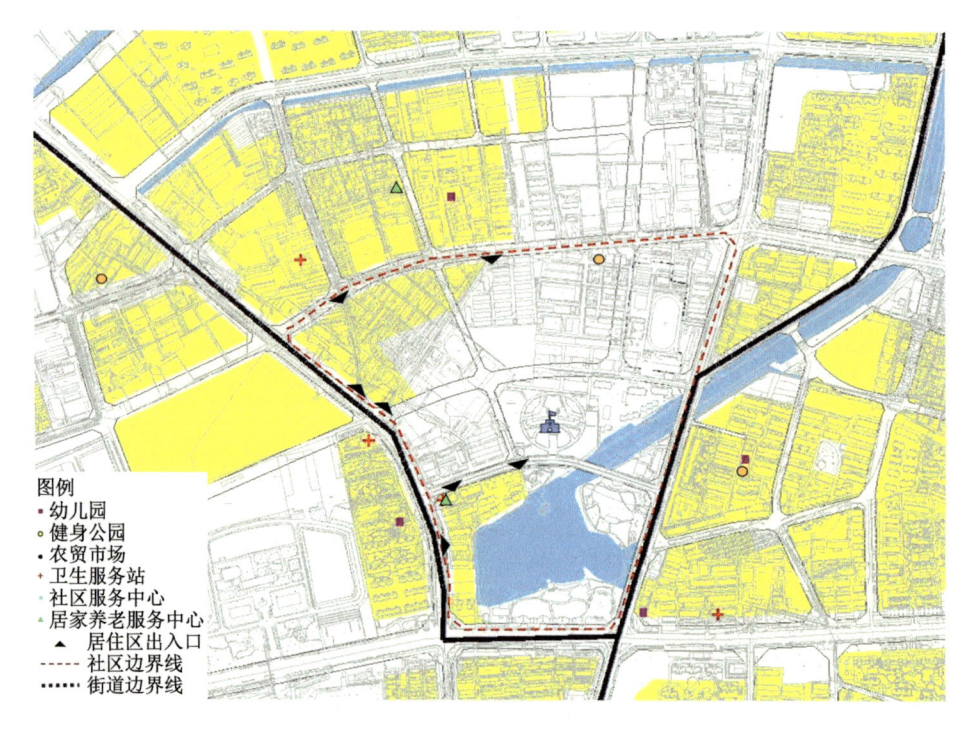

图例
- 幼儿园
- 健身公园
- 农贸市场
- 卫生服务站
- 社区服务中心
- 居家养老服务中心
- ▲ 居住区出入口
- ----- 社区边界线
- ••••• 街道边界线

图 6-23 鼓楼区绿健社区公共服务设施及居住区出入设置

区内。虽然在量化的空间可达值上,绿健社区处于一般水平以上,但是社区的居民实际要到达这些社区公共服务设施空间均有一定的阻碍因素。例如,若想前往九龙湖公园,必须途经一段步行体验较差的路段,且沿途会经过工业园区;向西去往相邻街道的公共服务设施空间,居民需要步行穿过主干道路,安全性差;向北去则需要穿越棚户区拥挤且狭窄的道路,两侧散布小商贩妨碍道路交通。

综合分析可以发现,绿健社区内公共服务设施布局较少,虽然可以到达邻近的设施点,但是居民到达社区公共服务设施空间阻碍较大,很难感知到社区公共服务设施的可达规模。棚户区居住环境较差,造成南北两个居住片区较大的感知可达性评价差异。

6.3.3.2 华厦社区

华厦社区位于中山北路与祥和路交会处,东临徐运新河西路,是牌楼街道的东南角,与环城街道相隔徐运新河。鼓楼区华厦社区区位图见图

6-24。社区内只有一个居住片区,包含中北小区和华厦花园两个小区,两个小区分别于 2000 年和 2001 年建成,常住人口约 2 800 人。该居住区的居民对该社区公共服务空间的感知可达性得分仅有 3.63 分,感知可达性评价处于低感知水平。但因为其紧邻雅园社区以及环城街道的华康社区与朱庄社区,在 15 min 步行范围内可到达相应的社区公共服务设施点,因而量化的空间可达值均属于良好等级。华厦社区空间可达值与感知可达性得分比较结果见表 6-10,华厦社区居民对公共服务空间的感知可达性评价见表 6-11。

图 6-24 鼓楼区华厦社区区位图

表 6-10 华厦社区空间可达值与感知可达性得分比较结果

社区名	空间可达性评价结果			感知可达性评价结果		
	良好	一般	较低	高	中	低
华厦社区	■					

表 6-11 华厦社区居民对公共服务空间的感知可达性评价

类别	得分	类别	得分
空间视觉吸引力	3.14	推荐行为	3.38
有可以防晒、遮雨的顶棚		我愿意花时间与身边邻居交流生活日常	
有充足的休憩设施,例如座椅、凉亭等		我对社区内的活动场所整体感到满意	
对供休息、聊天、赏景的小空间很满意		我愿意介绍我的亲戚朋友来社区活动	
这里有丰富且独特的历史文化特色		我很喜欢这个社区,愿意再来这里活动	
这里的空间色彩具有舒适性、趣味性			
空间可达过程感受	4.02	参与行为	3.85
到达这里步行是否舒适		我愿意花时间细心感受这里的景观风貌、人文气息	
到达这里骑行是否便利		这里的街巷、橱窗展品等很有特色,让人想驻足欣赏	
到达这里道路是否顺畅		我愿意参与这里的体验性活动	
到达这里路上环境的安全性		我愿意花时间好好了解社区的建筑、居民生活	
空间氛围体会	3.26	总体满意度	3.63
在空间活动过程中能获得归属感			
在空间活动让我人际社会关系更紧密			
我可以与他人沟通顺畅			

空间环境方面,共设置了 12 个题项,涉及空间视觉吸引力、空间可达过程感受以及空间氛围体会 3 个方面的居民评价。根据表 6-11 可知,华厦社区所得分数存在突出的分化问题,居民对空间视觉吸引力(3.14)、空间氛围体会(3.26)的感知可达性评价处于低感知水平,对空间可达过程感受(4.02)的感知可达性评价处于中感知水平。行为偏好方面,包含 8 个题项,分别从推荐行为偏好和参与行为偏好两个方面进行了评价。从平均得分情况看,8 项评价所得分数介于 3~4,不符合高感知水平的标准。在总体满意度方面,得分为 3.63,低于 3.8,华厦社区整体得分处于低感知水平。

由表 6-11 可看出,华厦社区居民对空间视觉吸引力和空间氛围体会方面的评价较低,对空间可达过程感受方面的各指标评价也较低,这些因素综合在一起导致居民的推荐行为或参与行为执行力较为一般,居民整体的感知可达性评价较低。

路径空间方面,通过路径空间分析发现,华夏社区两个居住小区的出入口均在中山北路与祥和路上,徐运河西路则完全被围墙阻断,前往环城街道方向只能绕道而行,对外围居民的引导性较弱。中山北路与祥和路交叉口是一个重要的交通路段,前往中山北路西侧与祥和路北侧的绿健社区、马场社区、雅园社区附近的公共服务设施是较为方便达到的。鼓楼区华夏社区公共服务设施及居住区出入设置见图 6-25。

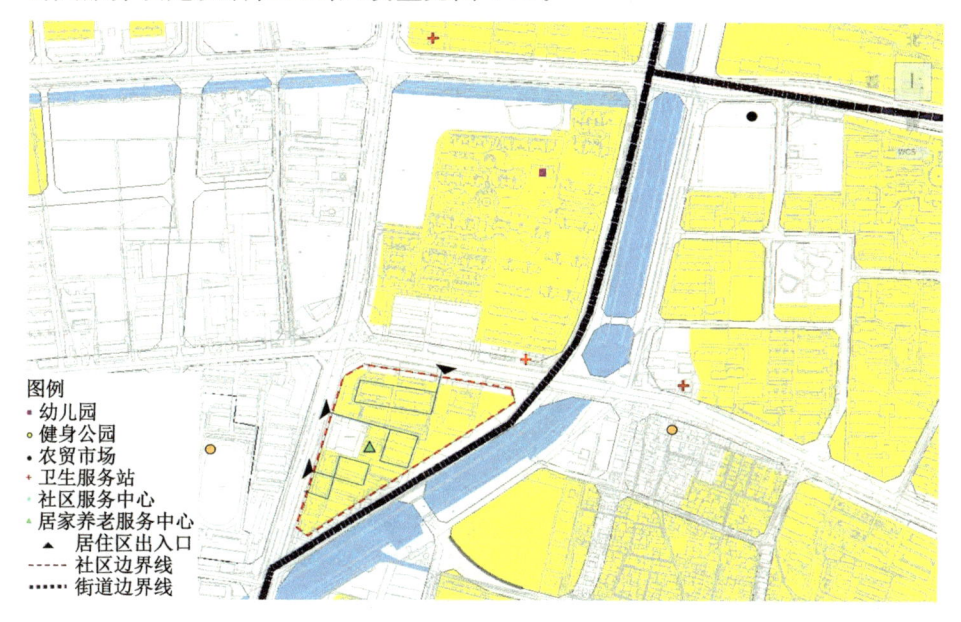

图 6-25　鼓楼区华夏社区公共服务设施及居住区出入设置

公共服务空间方面,通过对功能区进行分析发现,华夏社区是老旧小区,居民年龄偏大,非常期望能有更多的活动场地和社区公共服务设施,而现状则是儿童设施、老年人锻炼设施大多建设滞后,缺乏处于安全路段且空间环境幽静的公共活动空间。

中山北路、祥和路与徐运新河西路三条城市主干道将华夏社区围合,易于居民到达附近的社区公共服务设施空间,但居民还是不能形成较好的感知可达性,这与华夏社区公共服务设施空间的吸引力、可达感受、氛围体会有着密切关系。首先,社区内公共服务设施缺乏和功能单一,难以满足居民日常需求。其次,道路安全问题需要改善,三个出入口直接连接中山北路和祥和路主干道,没有很好的缓冲空间,居民难以体验到安全的步行空间环境。另外,徐运新河西路没有一个开放的小区出入口设置,完全隔绝了与社区东侧城市空间的联系,大幅降低了空间的吸引力。

6.3.3.3 鼓楼花园社区

鼓楼花园社区位于中山路延长段以东、徐运新河以西、水云间社区以北,内含鼓楼花园小区一期、二期和教师公寓,建于2003年,总户数2 327户,约5 260人,共有54幢居民楼。鼓楼区鼓楼花园社区区位图见图6-26。该居住区的居民对该社区公共服务空间的感知可达性得分为5.25分,感知可达性评价处于高感知水平。鼓楼花园社区与紧邻的荆南小区、华厦水云间小区仅一墙相隔,且在道路交会处,所以15 min步行范围内可达到相应的社区公共服务设施点,因而量化的空间可达值属于良好等级。鼓楼花园社区空间可达值与感知可达性得分比较结果见表6-12,鼓楼花园社区居民对公共服务空间的感知可达性评价见表6-13。

图6-26 鼓楼区鼓楼花园社区区位图

表 6-12 鼓楼花园社区空间可达值与感知可达性得分比较结果

社区名	空间可达性评价结果			感知可达性评价结果		
	良好	一般	较低	高	中	低
鼓楼花园社区	■			■		

表 6-13 鼓楼花园社区居民对公共服务空间的感知可达性评价

类别	得分	类别	得分
空间视觉吸引力	4.16	推荐行为	4.28
有可以防晒、遮雨的顶棚		我愿意花时间与身边邻居交流生活日常	
有充足的休憩设施，例如座椅、凉亭等		我对社区内的活动场所整体感到满意	
对供休息、聊天、赏景的小空间很满意		我愿意介绍我的亲戚朋友来社区活动	
这里有丰富且独特的历史文化特色		我很喜欢这个社区，愿意再来这里活动	
这里的空间色彩具有舒适性、趣味性			
空间可达过程感受	3.45	参与行为	4.50
到达这里步行是否舒适		我愿意花时间细心感受这里的景观风貌、人文气息	
到达这里骑行是否便利		这里的街巷、橱窗展品等很有特色，让人想驻足欣赏	
到达这里道路是否顺畅		我愿意参与这里的体验性活动	
到达这里路上环境的安全性		我愿意花时间好好了解社区的建筑、居民生活	
空间氛围体会	4.60	总体满意度	5.25
在空间活动过程中能获得归属感			
在空间活动让我人际社会关系更紧密			
我可以与他人沟通顺畅			

空间环境方面，包含 12 个题项，分别从空间视觉吸引力、空间可达过程感受、空间氛围体会 3 个方面进行了评价。从平均得分情况看，空间视觉吸引力(4.16)和空间氛围体会(4.60)都达到了中感知水平，而空间可达过程

感受(3.45)则为低感知水平。在行为偏好方面,居民表现出较为强烈的愿意参与到空间活动中的感知,总体满意度较高。

对于鼓楼花园社区居民来说,社区公共服务设施空间带给他们更多的归属感和亲切感,邻里之间可以在这里畅所欲言,相互交流与沟通,同时这种空间环境感知带动行为感知,促使居民再次或者频繁参与社区公共空间活动,居民整体的感知可达性评价较高。

路径空间方面,通过路径空间分析发现,鼓楼花园社区只有一个位于中山北路的进出口,通往社区内的鼓楼花园一期和二期的是小区路径且不设单独的门禁,前往荆马河南路与徐运新河西路都只能通过中山北路口的门禁绕行。居民在空间可达过程感受的评分受到该原因影响,道路引导性相对较弱。鼓楼区鼓楼花园社区公共服务设施及居住区出入设置见图6-27。

图例
- 幼儿园
- 健身公园
- 农贸市场
- 卫生服务站
- 社区服务中心
- 居家养老服务中心
- ▲ 居住区出入口
- ----- 社区边界线
- ——— 街道边界线

图6-27 鼓楼区鼓楼花园社区公共服务设施及居住区出入设置

公共服务空间方面,通过对功能区进行分析发现,鼓楼花园社区作为老旧小区,虽然不是门禁小区,但是由于小区外围商业设施布局和行政辖区划分,使其成为一个相对封闭的社区,社区内的活动场地和公共服务设施较为丰富和灵活，较好地满足居民需求。

通过分析可以发现，鼓楼花园社区虽然只有一个通往社区之外的进出口路径，所以在空间可达过程感受方面居民感知打分相对较低，但是居民并没有认为这是个很大的阻碍因素，并没有影响对其他感知因素的打分。而社区内有较多的公共服务设施空间，在公共服务设施空间视觉吸引力和空间氛围体会上满足居民日常需求，激发居民参加社区公共服务设施空间活动的热情，使得鼓楼花园的社区公共服务设施空间感知可达性整体处于较高水平。

6.3.3.4 雅园社区

雅园社区位于华厦社区北面，东至徐运新河，西到中山北路，南邻祥和路，北接奔腾大道。鼓楼区雅园社区区位图见图 6-28。社区内只有一个和风雅致小区，是于 2009 年建成的拆迁安置与商品房，常住人口约 6 544 人。该片区的居民对社区公共服务空间的感知可达性评价处于中感知水平，感知可达性得分为 4.21 分，比一路之隔的华厦社区感知可达性高出了很多。雅园社区和华厦社区两个社区公共服务空间均在 15 min 步行范围以内，因而量化的空间可达值均属于良好等级，但这两个社区居民对公共服务空间的感知上出现了较大差异。雅园社区空间可达值与感知可达性得分比较结果见表 6-14，雅园社区居民对公共服务空间的感知可达性评价见表 6-15。

图 6-28 鼓楼区雅园社区区位图

表 6-14　雅园社区空间可达值与感知可达性得分比较结果

社区名	空间可达性评价结果			感知可达性评价结果		
	良好	一般	较低	高	中	低
雅园社区	■				■	

表 6-15　雅园社区居民对公共服务空间的感知可达性评价

类别	得分	类别	得分
空间视觉吸引力	4.27	推荐行为	3.95
有可以防晒、遮雨的顶棚		我愿意花时间与身边邻居交流生活日常	
有充足的休憩设施,例如座椅、凉亭等		我对社区内的活动场所整体感到满意	
对供休息、聊天、赏景的小空间很满意		我愿意介绍我的亲戚朋友来社区活动	
这里有丰富且独特的历史文化特色		我很喜欢这个社区,愿意再来这里活动	
这里的空间色彩具有舒适性、趣味性			
空间可达过程感受	4.58	参与行为	4.17
到达这里步行是否舒适		我愿意花时间细心感受这里的景观风貌、人文气息	
到达这里骑行是否便利		这里的街巷、橱窗展品等很有特色,让人想驻足欣赏	
到达这里道路是否顺畅		我愿意参与这里的体验性活动	
到达这里路上环境的安全性		我愿意花时间好好了解社区的建筑、居民生活	
空间氛围体会	4.00	总体满意度	4.21
在空间活动过程中能获得归属感			
在空间活动让我人际社会关系更紧密			
我可以与他人沟通顺畅			

　　空间环境方面,包含 12 个题项,分别从空间视觉吸引力、空间可达过程感受、空间氛围体会 3 个方面进行了评价,从平均得分情况看,空间视觉吸引力(4.27)、空间可达过程感受(4.58)、空间氛围体会(4.00)都处于中感知水平。

　　路径空间方面,和风雅致小区仅有一个门禁式开放的出入口,位于小区东侧徐运新河西路段上,其他在小区四周的消防通道大门皆不对外开放,所有小区行人与车辆和外界的连接只能通过东侧的门禁。居住在小区西部的居民必须绕道才能获得小区外的公共服务。鼓楼区雅园社区公共服务设施及出入设置见图6-29。

图例
- 幼儿园
- 健身公园
- 农贸市场
- 卫生服务站
- 社区服务中心
- 居家养老服务中心
- ▲ 居住区出入口
- ---- 社区边界线
- ⋯⋯ 街道边界线

图6-29 鼓楼区雅园社区公共服务设施及出入设置

公共服务空间方面，通过对功能区进行分析发现，和风雅致小区内绿化空间和活动空间较为丰富，小区内设有和风雅致幼儿园。小区外向东过桥即为苏北农贸市场，向西300 m即是君盛商业广场，这意味着居民不出社区就可以获得优质的公共服务空间。

通过调研发现，雅园社区存在个别公共资源私有化问题。和风雅致小区在开发时以社区内外的公共服务设施作为卖点，社区内有较大的公共活动空间和公共资源，原本设置的公共服务设施都向内部后退，使得附近居民使用者更像是进入了私人领域。和风雅致小区居民对社区公共服务设施现状感知较为满意，并不希望增大开放性，失去现有的安静环境。开发商和行政管理部门为了提高楼盘吸引力与管理的方便,将封闭式的商业居住区划分为独立的行政社区单位,但同时也封闭了居民区周边公共服务空间本身所应该具有的开放性以及公共性,且越来越严重的公共资源私有化现象将严重降低社区的公共生活服务质量,不利于周边居民形成良好的生活体验。

6.3.3.5 水云间社区

水云间社区位于牌楼街道东部,奔腾大道与中山北路交会处东北角,沿徐运新河西岸。鼓楼区水云间社区区位图见图6-30。社区由荆南小区和华厦水云间小区组成,两个小区与北侧的鼓楼花园社区的鼓楼花园小区以围墙相隔。荆南小区建于1999年,华厦水云间一期建于2004年,常住人口约3 671人。该居住区的居民对该社区公共服务空间的感知可达性得分为5.02分,感知可达性评价处于高感知水平。荆南小区属于老旧小区,以老年人群体以及外来群体为主,住房面积普遍较小,基本在70 m^2 以下;华厦水云间一期为高档商品房小区,住房面积均在115 m^2 以上。由此可见,即使空间可达性分值相同,也会因不同的群体特征带来空间感知评价的差异。水云间社区空间可达值与感知可达性得分比较结果见表6-16,水云间社区居民对公共服务空间的感知可达性评价见表6-17。

图6-30 鼓楼区水云间社区区位图

表 6-16　水云间社区空间可达值与感知可达性得分比较结果

社区名	空间可达性评价结果			感知可达性评价结果		
	良好	一般	较低	高	中	低
水云间社区		■		■		

表 6-17　水云间社区居民对公共服务空间的感知可达性评价

类别	得分	类别	得分
空间视觉吸引力	4.30	推荐行为	3.87
有可以防晒、遮雨的顶棚		我愿意花时间与身边邻居交流生活日常	
有充足的休憩设施，例如座椅、凉亭等		我对社区内的活动场所整体感到满意	
对供休息、聊天、赏景的小空间很满意		我愿意介绍我的亲戚朋友来社区活动	
这里有丰富且独特的历史文化特色		我很喜欢这个社区，愿意再来这里活动	
这里的空间色彩具有舒适性、趣味性			
空间可达过程感受	4.50	参与行为	3.70
到达这里步行是否舒适		我愿意花时间细心感受这里的景观风貌、人文气息	
到达这里骑行是否便利		这里的街巷、橱窗展品等很有特色，让人想驻足欣赏	
到达这里道路是否顺畅		我愿意参与这里的体验性活动	
到达这里路上环境的安全性		我愿意花时间好好了解社区的建筑、居民生活	
空间氛围体会	3.74	总体满意度	5.02
在空间活动过程中能获得归属感			
在空间活动让我人际社会关系更紧密			
我可以与他人沟通顺畅			

空间环境方面，包含 12 个题项，分别从空间视觉吸引力、空间可达过程感受、空间氛围体会 3 个方面进行了评价（见表 6-17），从平均得分情况看，居民对空间视觉吸引力（4.30）、空间可达过程感受（4.50）的感知可达性评

价处于中感知水平，对空间氛围体会(3.74)的感知可达性评价处于低感知水平。行为偏好方面，分别从推荐行为偏好和参与行为偏好两个方面进行了评价，从平均得分情况看，8项评价得分均在3~4，总体满意度在5以上，该片区居民对公共服务空间的整体空间感知可达性评价处于高感知水平。

路径空间方面，通过路径空间分析发现，荆南小区有两个出入口，分别在奔腾大道和中山北路段，华厦水云间小区只有一个位于奔腾大道上的门禁出入口。两个小区之间被围墙隔断，仅能通过南侧的奔腾大道相互连接。鼓楼区水云间社区公共服务设施及居住区出入设置见图6-31。

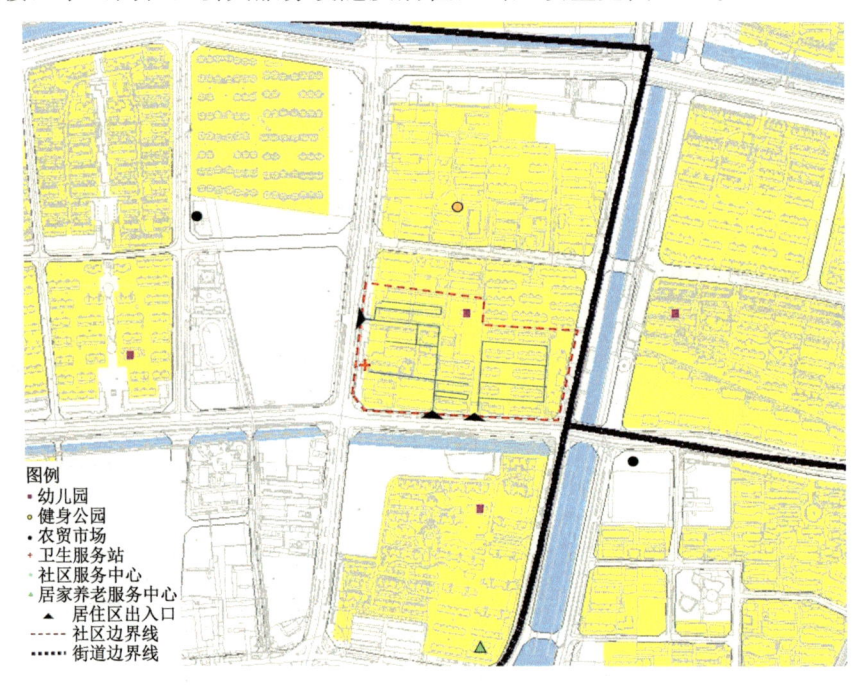

图6-31　鼓楼区水云间社区公共服务设施及居住区出入设置

公共服务空间方面，通过对功能区进行分析发现，水云间社区公共服务空间位于小区的内部，沿路外侧是商业服务设施。虽然居民到达路径很短，但是小区内部道路结构复杂，容易造成道路拥堵，公共服务资源开放程度相对较低，居民对于社区公共服务空间的体验感知并不好，很难参与社区公共服务空间的日常活动。

从综合感知评价分析可以看出，水云间社区居民对社区公共服务设施空间可达过程感受得分最高。这表明该社区中的小区对外较为开放，为当地居民提供了较为便捷的进入与外出方式,提供了较为广阔的活动区域,居民能够更加自在地参与社区活动或进行互动。但是,在社区公共服务设施空间氛围体会方面,居民没有给出很高的评价。社区内群体经济属性构成复杂,居民很难从场所中获得归属感与亲切感。

6.3.3.6 马场社区

马场社区位于徐运河以西,机场路以东,祥和路、马场湖路以北,奔腾大道以南,包括大新庄一个自然村,一个独立小区(绿健花园小区)和12幢居民楼,总户数786户,共约3 440人,其中涉农人口1 294人。鼓楼区马场社区区位图见图6-32。该居住区的居民对该社区公共服务空间的感知可达性得分为3.30,感知可达性评价处于低感知水平。马场社区与绿健社区相邻,距离九龙湖不到1 km,社区东侧是绿健乳业公司、徐州市第二中学、马场湖公园以及鼓楼区政府,具有较好的地理位置。随着周围居民生活环境的不断改善,马场社区公共服务设施的空间可达值有所提高,但是城中村环境没有得到相应的改善,居民感知可达性评价仍然很低。马场社区空间可达值与感知可达性得分比较结果见表6-18,马场社区居民对公共服务空间的感知可达性评价见表6-19。

图6-32 鼓楼区马场社区区位图

表 6-18 马场社区空间可达值与感知可达性得分比较结果

社区名	空间可达性评价结果			感知可达性评价结果		
	良好	一般	较低	高	中	低
马场社区		■				■

表 6-19 马场社区居民对公共服务空间的感知可达性评价

类别	得分	类别	得分
空间视觉吸引力	3.20	推荐行为	3.01
有可以防晒、遮雨的顶棚		我愿意花时间与身边邻居交流生活日常	
有充足的休憩设施,例如座椅、凉亭等		我对社区内的活动场所整体感到满意	
对供休息、聊天、赏景的小空间很满意		我愿意介绍我的亲戚朋友来社区活动	
这里有丰富且独特的历史文化特色		我很喜欢这个社区,愿意再来这里活动	
这里的空间色彩具有舒适性、趣味性			
空间可达过程感受	3.92	参与行为	3.25
到达这里步行是否舒适		我愿意花时间细心感受这里的景观风貌、人文气息	
到达这里骑行是否便利		这里的街巷、橱窗展品等很有特色,让人想驻足欣赏	
到达这里道路是否顺畅		我愿意参与这里的体验性活动	
到达这里路上环境的安全性		我愿意花时间好好了解社区的建筑、居民生活	
空间氛围体会	3.63		
在空间活动过程中能获得归属感		总体满意度	3.30
在空间活动让我人际社会关系更紧密			
我可以与他人沟通顺畅			

空间环境方面,包含 12 个题项,分别从空间视觉吸引力、空间可达过程感受、空间氛围体会 3 个方面进行了评价。如表 6-19 所示,从平均得分情况看,马场社区的居民对空间视觉吸引力、空间氛围体会感知都处于低感知水

平,空间可达过程感受处于中感知水平;并且行为偏好方面皆不推荐与参与,整体空间感知可达性评价处于低感知水平。

路径空间方面,通过实地踏勘发现,大新庄与南侧的绿健社区内的棚户区相邻,马场湖路有两个自然村的进出口;北侧被徐运河阻断了与奔腾大道的连接,仅以一座小桥作为贯通北侧进入社区的出入口。社区内道路狭窄、复杂,仅有通过一辆车的宽度。鼓楼区马场社区公共服务设施及居住区出入设置见图 6-33。

图 6-33 鼓楼区马场社区公共服务设施及居住区出入设置

公共服务空间方面,通过对功能区进行分析发现,除卫生服务站、幼儿园和健身公园外,其他社区公共服务设施和空间难以满足居民需求。虽然在量化的空间可达值上,马场社区处于一般水平以上,但是社区的居民实际要到达这些公共服务空间均有一定的阻碍因素,向东南去往九龙湖公园需要经过可步行性较差的路段,并且需要穿行产业功能片区,故景点吸引力较差;向西去往相邻街道的公共服务空间,居民需要步行穿过主干道路,安全性较差;向北去往公共服务空间则需要穿过社区内拥挤且狭窄的道路,两侧散布小商贩妨碍道路交通。

通过综合分析可以发现,该社区公共服务设施布局较少,虽然可以到达邻近的社区公共服务空间,但是实际上居民到达的空间阻碍均较大,很难感知到社区公共服务设施的规模。另外,居民居住环境较差,造成感知可达性评价较低。

6.3.3.7 锦园社区

锦园社区位于鼓楼区生态园内,北依九里山,南邻马场湖公园,东至中山北路,西与郡望花园小区相接。鼓楼区锦园社区区位图见图6-34。锦园社区下辖东观园、锦绣山水和华美生态园3个小区,分别建于2010年、2013年和2011年,总户数约5 072户。该居住区的居民对该社区公共服务空间的感知可达性得分为3.70分,感知可达性评价处于低感知水平。锦园社区空间可达值与感知可达性得分比较结果表6-20,锦园社区居民对公共服务空间的感知可达性评价见表6-21。

图6-34 鼓楼区锦园社区区位图

表 6-20　锦园社区空间可达值与感知可达性得分比较结果

社区名	空间可达性评价结果			感知可达性评价结果		
	良好	一般	较低	高	中	低
锦园社区			■			■

表 6-21　锦园社区居民对公共服务空间的感知可达性评价

类别	得分	类别	得分
空间视觉吸引力	3.67	推荐行为	3.95
有可以防晒、遮雨的顶棚		我愿意花时间与身边邻居交流生活日常	
有充足的休憩设施,例如座椅、凉亭等		我对社区内的活动场所整体感到满意	
对供休息、聊天、赏景的小空间很满意		我愿意介绍我的亲戚朋友来社区活动	
这里有丰富且独特的历史文化特色		我很喜欢这个社区,愿意再来这里活动	
这里的空间色彩具有舒适性、趣味性			
空间可达过程感受	4.20	参与行为	4.00
到达这里步行是否舒适		我愿意花时间细心感受这里的景观风貌、人文气息	
到达这里骑行是否便利		这里的街巷、橱窗展品等很有特色,让人想驻足欣赏	
到达这里道路是否顺畅		我愿意参与这里的体验性活动	
到达这里路上环境的安全性		我愿意花时间好好了解社区的建筑、居民生活	
空间氛围体会	3.93	总体满意度	3.70
在空间活动过程中能获得归属感			
在空间活动让我人际社会关系更紧密			
我可以与他人沟通顺畅			

空间环境方面,包含 12 个题项,分别从空间视觉吸引力、空间可达过程感受、空间氛围体会 3 个方面进行了评价,从平均得分情况看,居民对空间视觉吸引力(3.67)的感知可达性评价处于低感知水平,对空间氛围体会

(3.93)、空间可达过程感受(4.20)的感知可达性评价达到了中感知水平。行为偏好方面,分别从推荐行为偏好和参与行为偏好两个方面进行了评价,从平均得分情况看,8项评价得分均在3～4,都没有达到高感知水平。总体满意度低于3.8,说明该片区居民对公共服务空间的整体空间感知可达性评价处于低感知水平。

  路径空间方面,通过路径空间分析发现,锦园社区内的东观园、锦绣山水和华美生态园小区作为封闭式街区布局,小区基本路径与桂园社区相似,共划分出三大居住区地块。华美生态园南北区、锦绣山水南北区均在南北侧的奔腾大道、锦绣大道和荆马路设置南北门禁;华美生态园东观园小区南临牌楼街道办事处综合楼、鼓楼生态园小学,在西侧的华美一巷和北侧荆马路设置门禁。鼓楼区锦园社区公共服务设施及居住区出入设置见图6-35。

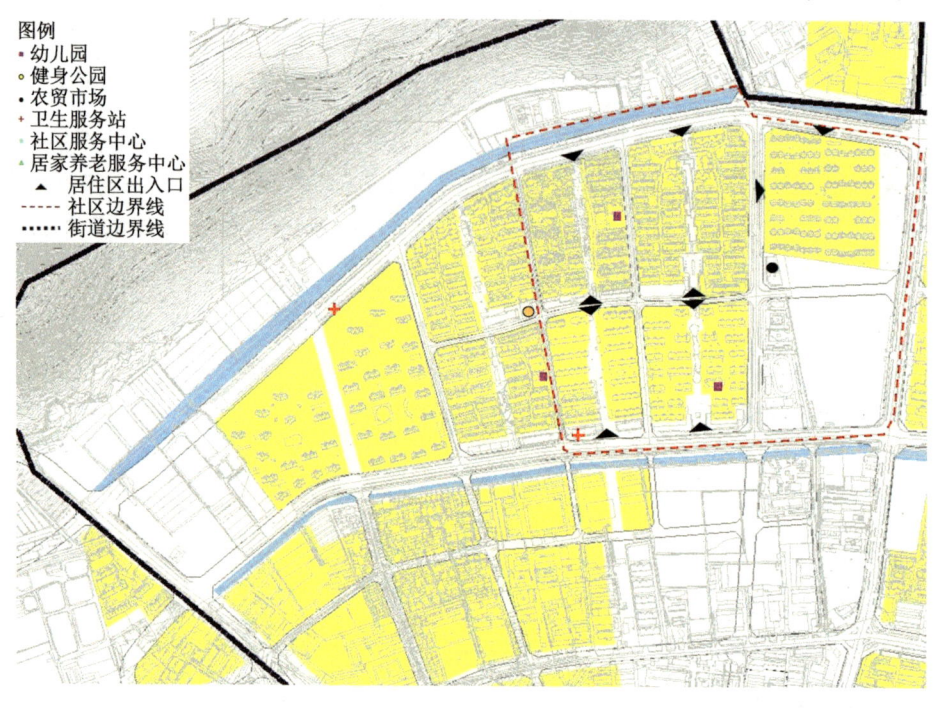

图6-35 鼓楼区锦园社区公共服务设施及居住区出入设置

  公共服务空间方面,通过对功能区进行分析发现,锦园社区除了沿街的商业服务设施外,幼儿园、健身公园和卫生服务站设施都在各小区内,且开发商配套的社区公共服务设施并不完善,难以满足居民生活需要。社区内缺少可以让居民集聚或驻足的公共服务设施空间,居民对于公共服务空间的体验感知并不好,很难参与公共服务空间的日常活动。

综合以上感知评价分析可以看出,锦园社区作为城市中典型的、为数众多的封闭式街区,由于相对偏远的地理位置和路网结构,造成街区空间功能较为单一,社区内公共服务设施配置不完善。封闭的围墙,很难实现与周边公共服务空间的共享,街区活力和吸引力难以得到提升。小区内居民生活环境得到了相应的改善,但对空间感知的整体感仍然没有得到提升。

6.3.3.8 桂园社区

桂园社区东起中山北路,西至天齐路,南起二环西路,北至奔腾大道。鼓楼区桂园社区区位图见图 6-36。社区成立于 2016 年,辖区共有 3 个居民小区,分别是贵和苑小区、山南小区和郡望花园小区。贵和苑小区和山南小区建成于 2013 年;郡望花园小区的南区和北区建于 2010 年,别墅北区建于 2015 年。桂园社区共有居民 2 301 户,常住人口约 6 585 人。该居住区的居民对该社区公共服务空间的感知可达性得分仅有 3.63 分,感知可达性评价处于低感知水平。桂园社区空间可达值与感知可达性得分比较结果见表 6-22,桂园社区居民对公共服务空间的感知可达性评价见表 6-23。

图 6-36 鼓楼区桂园社区区位图

表 6-22　桂园社区空间可达值与感知可达性得分比较结果

社区名	空间可达性评价结果			感知可达性评价结果		
	良好	一般	较低	高	中	低
桂园社区			■			■

表 6-23　桂园社区居民对公共服务空间的感知可达性评价

类别	得分	类别	得分
空间视觉吸引力	3.50	推荐行为	3.72
有可以防晒、遮雨的顶棚		我愿意花时间与身边邻居交流生活日常	
有充足的休憩设施,例如座椅、凉亭等		我对社区内的活动场所整体感到满意	
对供休息、聊天、赏景的小空间很满意		我愿意介绍我的亲戚朋友来社区活动	
这里有丰富且独特的历史文化特色		我很喜欢这个社区,愿意再来这里活动	
这里的空间色彩具有舒适性、趣味性			
空间可达过程感受	4.31	参与行为	3.60
到达这里步行是否舒适		我愿意花时间细心感受这里的景观风貌、人文气息	
到达这里骑行是否便利		这里的街巷、橱窗展品等很有特色,让人想驻足欣赏	
到达这里道路是否顺畅		我愿意参与这里的体验性活动	
到达这里路上环境的安全性		我愿意花时间好好了解社区的建筑、居民生活	
空间氛围体会	3.78	总体满意度	3.63
在空间活动过程中能获得归属感			
在空间活动让我人际社会关系更紧密			
我可以与他人沟通顺畅			

空间环境方面,包含 12 个题项,分别从空间视觉吸引力、空间可达过程感受、空间氛围体会 3 个方面进行了评价。从平均得分情况看,空间视觉吸引力(3.50)、空间氛围体会(3.78)处于低感知水平,空间可达过程感受

(4.31)处于中感知水平。行为偏好方面,分别从推荐行为偏好和参与行为偏好两个方面进行了评价。从平均得分情况看,8项评价的得分均在3~4,都没有达到高感知水平。总体满意度低于3.8,说明该片区居民对公共服务空间的整体空间感知可达性评价处于低感知水平。

路径空间方面,通过对路径空间进行分析发现,贵和苑小区、山南小区和郡望花园小区作为商业房地产开发的小区,有着严格的门禁把关,三个小区用围墙将整个社区划分为三大居住区地块。山南小区在南侧的奔腾大道设有两个车行出入口与两个人行出入口;郡望花园小区分为南区与北区,分别在南北区的南北两向设置车行与人行出入口;贵和苑小区在北侧奔腾大道设置了一个出入口。鼓楼区桂园社区公共服务设施及居住区出入设置见图6-37。

图例
· 幼儿园
○ 健身公园
· 农贸市场
† 卫生服务站
■ 社区服务中心
· 居家养老服务中心
▲ 居住区出入口
---- 社区边界线
····· 街道边界线

图6-37 鼓楼区桂园社区公共服务设施及居住区出入设置

公共服务空间方面,通过对功能区进行分析发现,桂园社区除了沿街的商业服务设施外,幼儿园、健身公园和卫生服务站设施都在各小区内部,且开发商配套的社区公共服务设施并不完善,难以满足居民生活需要。若要获得小区之外的公共服务空间,则要通过门禁,穿过街区才能抵达邻近社区的公共服务设施点,居民对于服务空间的体验感知并不很好,很难参与公共服务空间日常活动。

综合上面的感知评价分析可以看出,桂园社区同锦园社区具有相同的空间感知特点。

Chapter 7
第 7 章

社区公共服务设施区位综合评价与优化策略

　　首先,对不同的社区公共服务设施空间发展模式进行总结,并分析这些现象出现的内在原因。其次,在"存量"发展的背景下,提出基于改进协调度模型的社区公共服务设施的空间测度研究,探究社区公共服务功能与城市街道空间系统之间的耦合协调规律。最后,在此基础上提出社区公共服务设施区位公平与效率的政策引导路径与布局优化策略。

7.1 社区公共服务设施区位综合评价

基于第 4 章所提出的区域空间上的公平性自相关关系四种类型：成熟型、过渡型、滞后型以及失衡型，同时结合居民对设施的空间需求、行为偏好等方面，进一步将社区公共服务设施的发展类型进行划分。

7.1.1 模式Ⅰ——成熟发展型社区

该模式为居住片区内的社区公共服务设施空间可达性与感知可达性评价双高的模式。该模式有两种情况。情况一，居住片区内的社区公共服务设施配套较为完善或者服务水平较高，生活其中的居民可感到服务的绝对优势。例如，商品房为主的社区中各类公共服务设施，其完善度在城市中属于较高水平，产生了积累满意度，但是较多的门禁型小区的公共资源私有化和入口的引导性等因素会对社区公共服务设施的感知可达性造成不利的影响。情况二，居住片区内的社区公共服务设施完善度稍有欠缺或小区建设空间更新较慢，但由于本身各类社区公共服务设施布局灵活，可达较为方便，并且氛围体会感较好，居民的满意度依旧会很高，愿意积极融入社区公共服务活动。该种模式在将来需要面临因用地问题所限制的社区公共服务设施水平提升与品质发展的问题。成熟发展型社区评价总结模式图见图 7-1。

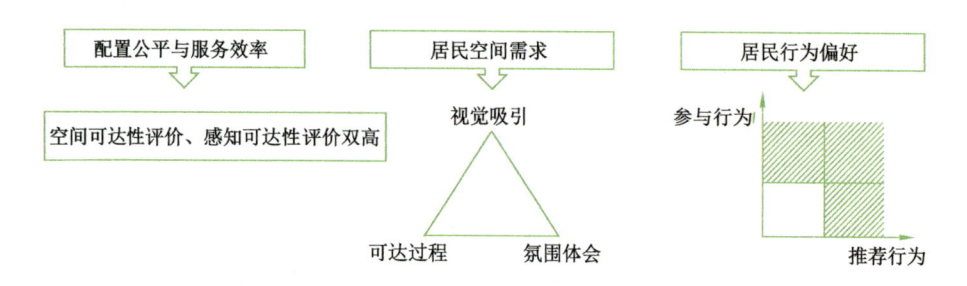

图 7-1 成熟发展型社区评价总结模式图

7.1.2 模式Ⅱ——失衡滞后型社区

该模式为居住片区内的社区公共服务设施空间可达性与感知可达性评价双低的模式。该模式有两种情况。情况一，居住片区处于城区的边缘地带，自身的社区公共服务设施配套的系统性较差，或者行政片区范围本身跨度较大，服务资源布局存在不均衡性，造成社区公共服务设施缺失严重，且社区公共服务设施层次相对较低。例如，位于行政区边缘区的封闭小区所构成的封闭式街区，由于相对偏远的地理位置和路网结构，造成街区空间功能较为单一，以及社区内公共服务设施配置不完善。封闭的围墙，很难实现与周边公共服务空间的共享，街区活力和吸引力难以得到提升。小区内居民生活环境得到了相应的改善，但对空间整体感知仍然没有得到提升。情况二，居住片区内部本身处于社区公共服务设施配置的服务盲区，例如城区的核心区内人口密度过高的社区，公共服务存在明显的供需不平衡现象，居民对社区公共服务设施满意度普遍较低，居民在社区公共服务设施的便捷性、氛围感以及多样化等方面都没有得到满足。失衡滞后型社区评价总结模式图见图7-2。

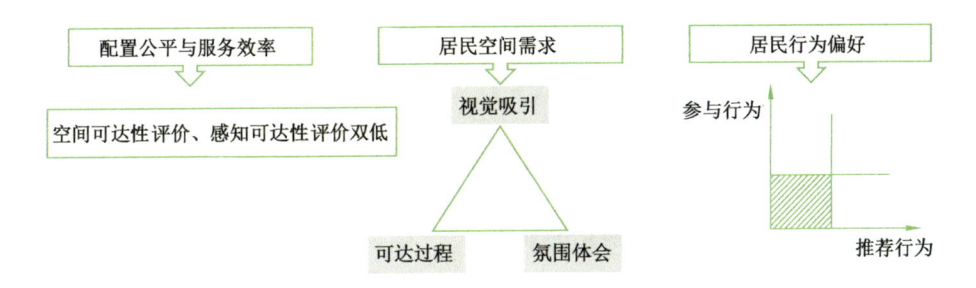

图7-2 失衡滞后型社区评价总结模式图

7.1.3 模式Ⅲ——转型融合型社区

该模式为居住片区内的社区公共服务设施空间可达性评价高于感知可达性评价的模式。该模式有三种情况。情况一，居住片区以棚户区、工人村为主，主城区中遗留有棚户区等居住片区；在规划管理层面大部分与其他片区有所区别，社区公共服务设施的空间公平度较高，但社区公共服务设施的服务水平仍处于低水平阶段，且内部交通情况复杂；随着周边其他社区公共服务设施品质的不断提升，导致居民的满意度逐渐降低。情况二，行政区内居住区、工业区、行政办公区等用地功能发展多样化，且行政片区范围跨度较大，居民对实际获得服务资源的过程感受并不满意，社区公共服务设施难以结合居住用地进行布局。情况三，居住片区内老龄化程度的不断提升带来居民对社区公共服务设施配套的特殊要求，主城区内的用地紧张、重建或另选址加建均较为困难。因此，该类社区在保持社区公共服务设施完整性的基础上，通过服务空间的优化来弥补社区本身公共服务设施的缺陷，选择可以提高居民满意度的配套方案。随着城市空间格局的不断调整与人居环境的改善，退二进三的产业结构将会不断升级，因此此类片区的社区公共服务设施数量和质量都会得到提高，从而实现协调发展。转型融合型社区评价总结模式图见图7-3。

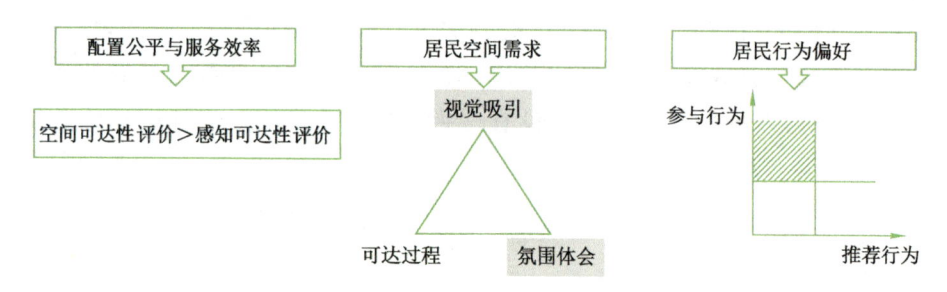

图7-3 转型融合型社区评价总结模式图

7.1.4 模式Ⅳ——加强过渡型社区

该模式为居住片区内的社区公共服务设施空间可达性评价低于感知可达性评价的模式。一般情况，居住片区受到道路交通切割空间及行政区边界的影响，社区公共服务设施公平性相对较低，但由于本身内部公共服务设施的使用便捷或受到周边社区辐射的影响，居民对社区公共服务设施空间的满意度依旧很高，空间归属感与空间品质能够得到满足。行政区划或自然要素等带来的社区公共服务设施发展问题，供给主体在社区公共服务设施的实际运营过程中需要逐步精细化，打破区划带来的公共服务隔离。加强过渡型社区评价总结模式图见图7-4。

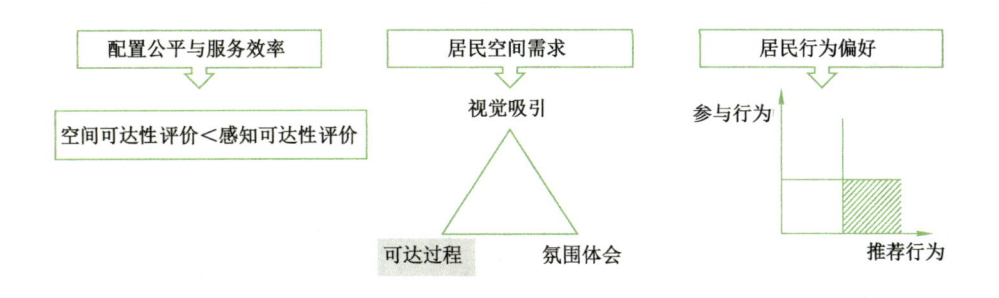

图 7-4　加强过渡型社区评价总结模式图

7.2　基于改进协调度的社区公共服务设施空间测度研究

在城市整体空间系统中,街道空间不仅是城市交通系统的重要组成部分,同时也是串联社区公共服务设施空间节点,形成"点—线—面"网络化布局的重要连接空间。本节运用基于协调度的测度模型,通过两个系统的代表性评价指标选取,揭示社区公共服务设施空间水平与街道空间活力的内在耦合协调规律,可以丰富社区公共服务设施区位评价方法研究,同时,可为未来社区公共服务设施空间开发与社区公共服务设施空间活力提升提供技术指导。

7.2.1　评价单元划分

为了获得有价值的分析结果,应尽量缩小空间统计的单元面积,并确保可以描述整体层面的耦合性,以及准确表达出区域内部耦合性的差异。为此,选取微观尺度的格网法来划分研究区域内的各研究单元,突破用地性质的限制,实现对功能多样性的测度。同时,可以将不同的评价指标在同一尺度上比较分析。

因考虑实际的交通道路情况,最终选择在鼓楼行政区域内划分成 250 m×250 m 的网格,并将图表中面积未达到 50% 的网格作为无效单元去除,最终共有 1 180 个网格被当作评价单元,鼓楼区 GIS 中的单元网格划分见图 7-5。

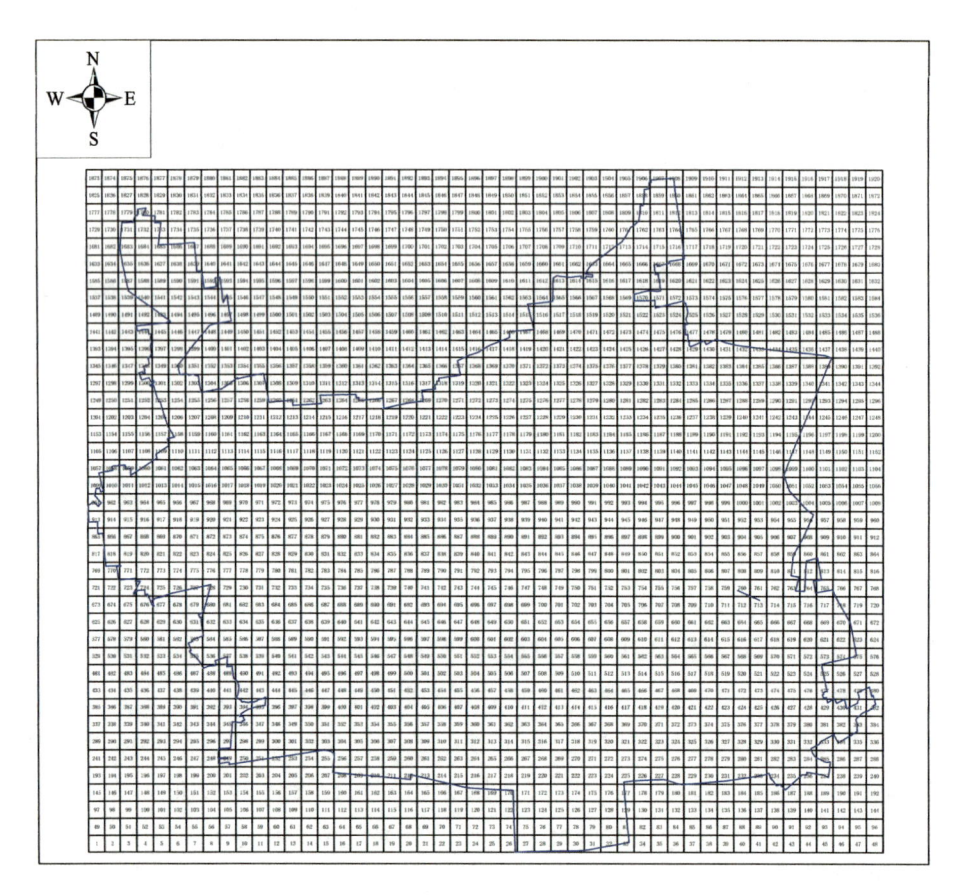

图 7-5　鼓楼区 GIS 中的单元网格划分

7.2.2　评价指标选取及数据标准化处理

由于各评价指标原始数据的量纲差异，为实现标准化操作需对数据进行极值法处理。

经过标准化操作可获得正向指标公式：

$$x'_{ij} = \frac{x_{ij} - x_j^{min}}{x_j^{max} - x_j^{min}} \qquad (7-1)$$

经过标准化处理可获得负向指标公式：

$$x''_{ij} = \frac{x_j^{max} - x_{ij}}{x_j^{max} - x_j^{min}} \qquad (7-2)$$

式中，x_{ij} 表示指标的原值，x_j^{max} 和 x_j^{min} 分别表示第 j 项指标的最大值和最小值。经过标准化操作的部分指标数据会有一定概率出现负值或值较小的状况,为方便计算和分析,平移处理已经标准化过的数据,进而避免出现负值或值较小的状况:

$$x_{ij}'' = H + x_{ij}' \tag{7-3}$$

式中,H 表示指标平移幅度的数值等于1。

在构建耦合协调度模型时,不设置宏观尺度的相关评价指标,在社区公共服务功能水平选取两个评价指标,在街道空间选取两个评价指标。社区公共服务功能水平与街道空间的评价指标选取见表7-1。

表7-1 社区公共服务功能水平与街道空间的评价指标选取

评价指标	评价因子	功效性
社区公共服务功能水平评价指标	人口密度/(万人·km^{-2})	—
	设施点密度/(个·km^{-2})	+
街道空间评价指标	道路网密度/(km·km^{-2})	+
	空间集成度	+

注:功效正负性是指因子对系统有序化产生的正功效还是负功效。

(1) 人口密度,主要反映研究区内人口的聚集程度。

(2) 设施点密度,主要反映研究区内各类公共服务设施点的聚集程度。

(3) 道路网密度,主要体现道路的整体空间形态,表明交通空间的形态集约度。

(4) 空间集成度,是研究区域内道路交通可达性程度的具体反映,体现出道路交通中的结构要素关系,也是路网结构效率的体现。

社区公共服务功能水平与街道空间的评价指标权重与计算方法见表7-2。

表7-2 社区公共服务功能水平与街道空间的评价指标权重与计算方法

评价指标	评价因子	权重	计算方法
社区公共服务功能水平评价指标	人口密度/(万人·km^{-2})	0.634	常住人口数/总用地面积
	设施点密度/(个·km^{-2})	0.366	设施点总数/总用地面积
街道空间评价指标	道路网密度/(km·km^{-2})	0.306	道路总长度/道路面积
	空间集成度	0.694	一个空间与其他所有空间的关系

人口密度、设施点密度、道路网密度、空间集成度等各评价指标的计算公式依次如下所示。

$$D(P_j) = \frac{\sum_{m=1}^{M} S_m}{u} \tag{7-4}$$

式中,S_m 表示常住人口;u 表示总用地面积。

$$D(P_j) = \frac{\sum_{n=1}^{N} S_n}{u} \tag{7-5}$$

式中,S_n 表示设施点总数;u 表示总用地面积。

$$D(R_j) = \frac{\sum L_q}{u} \tag{7-6}$$

式中,L_q 表示道路总长度;u 表示道路面积。

$$D(I_i) = \frac{2(MD_i - 1)}{n - 2} \tag{7-7}$$

式中,MD_i 表示平均深度值;n 表示连接图的总结点数。

7.2.3 评价指标权重分析

首先对数据进行无量纲化:

$$y_{ij} = \frac{x''_{ij}}{\sum_{i=1}^{n} x''_{ij}} \tag{7-8}$$

式中,y_{ij} 表示第 i 个样本的第 j 个指标的数值。

计算第 j 个指标的熵值:

$$e_j = \frac{1}{\ln n} \sum_{i=1}^{n} y_{ij} \ln y_{ij} \tag{7-9}$$

第 j 个指标的差异系数为:

$$g_j = 1 - e_j \tag{7-10}$$

式中,$j = 1, 2, \cdots\cdots p$。

第 j 个指标的权重为:

$$\omega_j = \frac{g_j}{\sum_{j=1}^{p} g_j} \tag{7-11}$$

式中，$j=1,2,\cdots\cdots p$。j 表示评价指标，e_j 表示第 j 项指标的信息熵，ω_j 表示各评价指标权重。

7.2.4 基于改进协调度的空间测度模型

利用标准化的数据与权重相乘得到综合得分：

$$Z_i = \sum_{j=1}^{p} \omega_j x'_{ij} \tag{7-12}$$

式中，Z_i 表示评价系统的综合评价值，j 表示评价指标，ω_j 表示各评价指标的权重，x'_{ij} 表示评价指标标准化后的值。

以社区公共服务系统与其街道空间系统作为耦合系统，引入耦合度与耦合协调度两个评价指标。耦合度虽然可以显示社区公共服务功能系统与其街道空间系统之间共同发展的关联程度，但是在某些情况下，耦合度不能稳定地揭示出两个系统是在何种发展水平下达到协调的，不同发展水平下所表达的协调意义是不同的。所以，本书采用稳定性更强的耦合协调度来更精准地反映出两个系统间协同发展的水平及状态。借鉴物理学中的容量耦合模型，建立社区公共服务功能与其街道空间的耦合度模型，其表达式为：

$$C = 2\left[\frac{U \times G}{(U+G)^2}\right]^{\frac{1}{2}} \tag{7-13}$$

式中，C 表示耦合度，U、G 分别表示社区公共服务功能水平数值以及街道空间水平综合评价数值。C 值大小表示社区公共服务功能与其街道空间的相互关联程度，取值范围是（0—1）。C 越接近于 1，表明两系统融合程度越深；反之，则表明两系统融合程度越低。

综合评价系数表达式为：

$$T = \theta \times U + \gamma \times G \tag{7-14}$$

式中，θ 和 γ 分别为两个子系统的权重，在本书中二者均取值 0.5。

将上述模型进行扩展，得到基于协调度的测度模型：

$$D = \sqrt{C \times T} \tag{7-15}$$

式中，T 表示综合评价系统，D 表示区间度。

7.2.5 社区公共服务功能与街道空间耦合协调规律研究

从以往的研究来看，对社区公共服务设施空间与城市发展关系的研究主要分为三个层次:宏观层面偏重社区公共服务设施点对区域经济影响的效应分析,中观层面聚焦社区公共服务设施点对城市发展影响的研究,微观层面主要集中于对周边地区的影响。本部分研究基于耦合协调度模型,使用熵值法以及空间句法对鼓楼区社区公共服务功能与其街道空间活力进行综合评价,并对两者之间的耦合关系进行分析,揭示社区公共服务设施的服务功能水平与周边街道空间活力所存在的内在联系规律。

7.2.5.1 社区公共服务功能水平评价

1. 人口密度

鼓楼区人口密度分布特征见图7-6。如图7-6所示,鼓楼区人口密度的

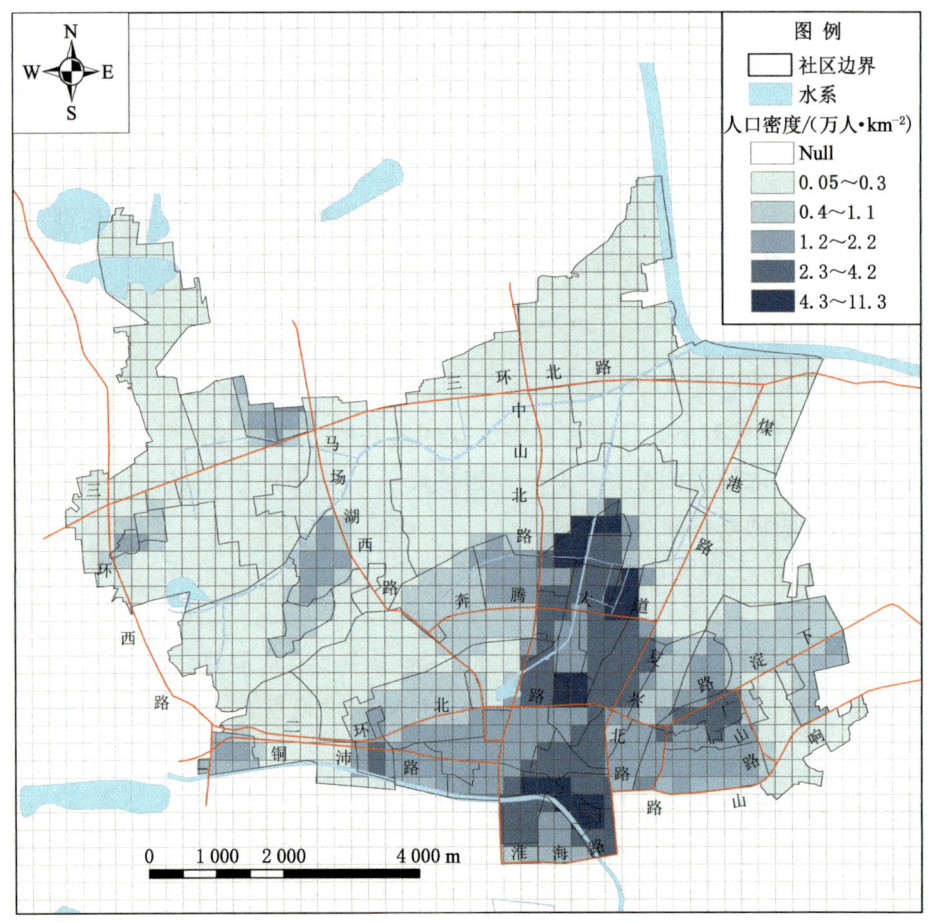

图7-6 鼓楼区人口密度分布特征

大小依次是内缘区＞核心区＞外缘区。研究区居住人口主要集中在二环北路、奔腾大道、中山北路以东区域内。内缘区内有大量的产业用地，普通住宅建筑众多还有部分城中村，大量的居民居住于此。外来务工人员也因为该区位交通便利且房价相对较低而选择在此居住，导致人口密度高达11.3万人/km^2。核心区内的居住用地以普通居住建筑为主，分布集中，人口密度与内缘区相当。外缘区由于产业功能不足，其人口密度基本在1万～2万人/km^2，远低于其他两个区域。

2. 设施点密度

鼓楼区社区公共服务设施点密度分布特征见图7-7。如图7-7所示，设

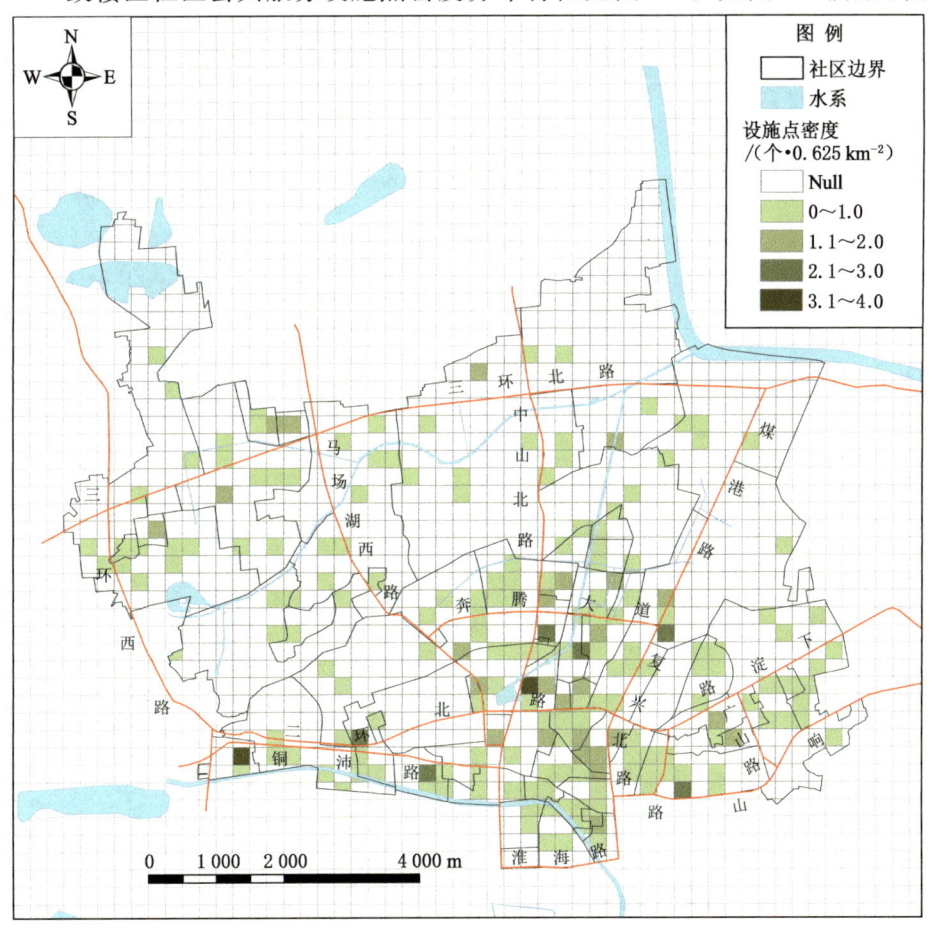

图7-7 鼓楼区社区公共服务设施点密度分布特征

施点密度分布特征验证前文对鼓楼区社区公共服务设施空间分布态势的分析结果。设施点密度的大小依次是内缘区＞核心区＞外缘区。内缘区为城市开发区，区域功能以生态居住片区为主，承接了核心区外移的产业功能，沿区政府北部、东部布置社区配套公共服务设施，最高可达 4 个/0.625 km²。核心区内建筑密度高，商业、办公、服务等多种功能混合，开发强度较高，严重限制了社区公共服务设施布点用地的选择。外缘区地块开发强度较低，人口密度偏低，因此在公共服务设施布点密度上基本在 1 个/0.625 km² 左右。

7.2.5.2 街道空间评价

1. 道路网密度

鼓楼区道路网密度分布特征见图 7-8。如图 7-8 所示，道路网密度的大小依

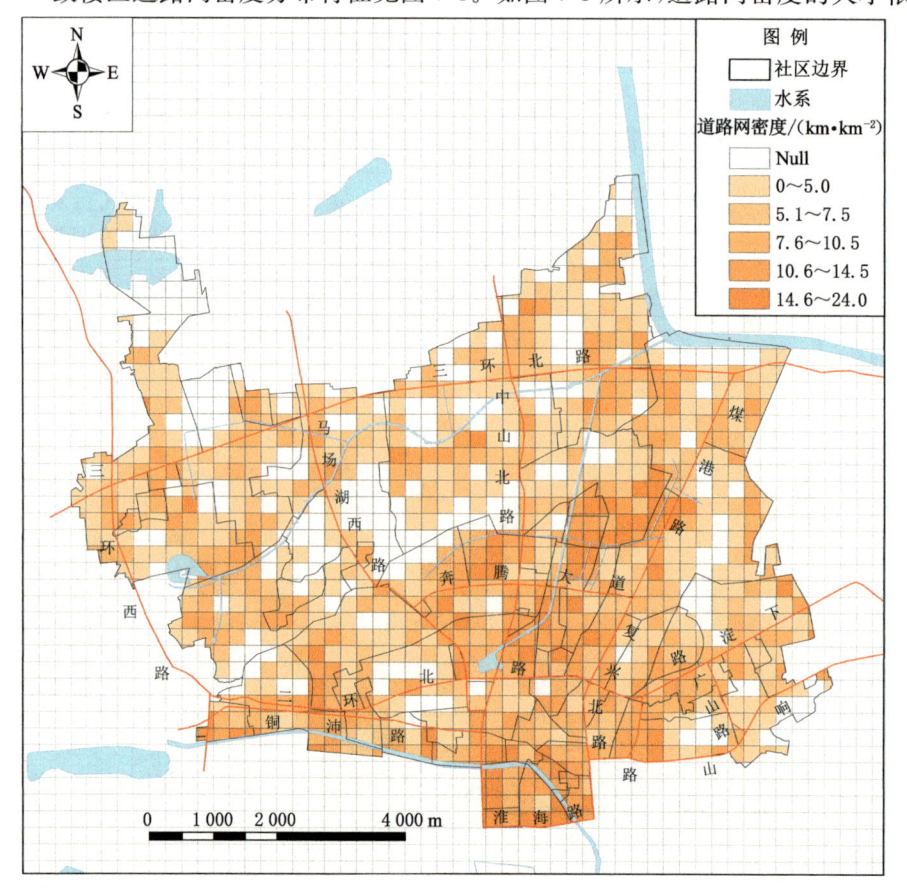

图 7-8 鼓楼区道路网密度分布特征

次是核心区＞内缘区＞外缘区。核心区内产业用地集中,形成主城区最大的商务中心,徐州市主城区东西向主干道—淮海路和二环北路横穿其中,道路网密度最高可达 24 km/km²。产业相对集中的内缘区道路网密度略低于核心区。除主干道外的一般街区的道路网密度普遍偏低,整体水平在 5 km/km² 以下。

2. 空间集成度

(1) 空间可达性

可以将集成度理解为区域内整个空间结构和道路的关系。选择车行道为主元素来绘制整个地区的道路 CAD 轴线图,Node Count 检验无误后,使用空间句法分析软件 Depthmap 对鼓楼区建立城市空间句法轴线地图,得到鼓楼区街道集成度分析结果(见图 7-9)。图中暖色轴线代表整合度较高的道路,橙色和红色为集成度较高的轴线。将分析结果分配到各个网格,得到鼓楼区道路空间可达性分布结果(见图 7-10)。

图 7-9　鼓楼区街道集成度分析结果图

对可达性数值进行统计发现,鼓楼区范围内空间可达性最高的是南北向的复兴北路—煤港路、东西向的二环北路东段。复兴北路—煤港路是鼓楼区内主要干道,与较多的支路相连,形成较高的道路网密度。二环北路东段与复兴北路相连,道路以南是商务、娱乐、服务等功能集聚用地,道路以北是人口密度较为集中的集聚地,形成城市东西向主要通道。中山北路、马场

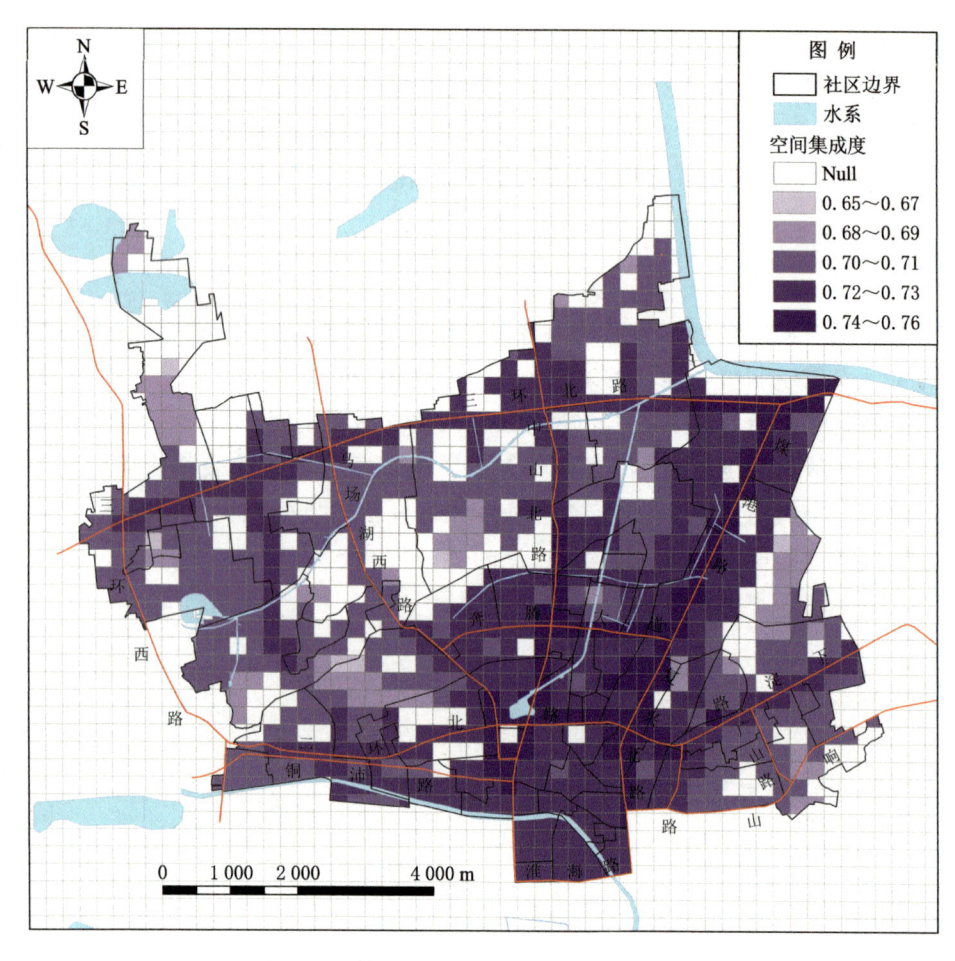

图 7-10 鼓楼区道路空间可达性分布结果

湖西路南段等南北向道路形成鼓楼区次级交通轴线,以及与中山北路三者交叉路段也具有较高的可达性。同时,随着城市不断的动态发展,道路基础设施建设逐渐向外环延续,三环北路也呈现出较高的可达性。整体来看,鼓楼区东南部道路空间集成度较高,具有较高的可达性。

(2) 空间可理解度

将绘制好的鼓楼区道路 CAD 轴线图导入软件 Depthmap,可直接得到街道空间范围内可理解度散点图(见图 7-11)。其中,R^2 表示可理解度,数值越高表示相互之间的连接度越高,空间系统是清晰的、容易理解的;数值越低表明观察者不容易通过街区的局部特征来感知整个街区系统的空间特征。

可以使用局部空间结构来对整体进行预测,得到的数值也比较精确,在不借助外部信息的状况下,能够顺利地掌握其他空间的结构特点。当 $0<R^2\leqslant 0.5$ 时,认为鼓楼区街区系统的智能性较低;当 $0.5<R^2\leqslant 0.7$ 时,认为鼓楼区街区系统的智能性较好;当 $0.7<R^2\leqslant 1.0$ 时,认为鼓楼区街区系统的智能性非常强。从图 7-11 可知,鼓楼区空间可理解度线性回归模型为:$y=2.50573x-0.859849$,$R^2=0.585153$,智能性较好。

图 7-11　鼓楼区街道空间可理解度散点图

可理解度数值较高的道路主要集中于中山北路、煤港路、复兴北路、奔腾大道、二环北路主干道及其附近支路。这些街道空间在城市系统中,可以通过局部空间直接获得城市系统空间可得性的信息级较高,观察者可以通过观察各支路空间连通性进一步获得整体空间可达性信息。

7.2.5.3　耦合关系分析与讨论

1. 确定指标权重及综合评价指数

对各指标进行无量纲标准化处理,熵值法计算各指标的权重,最终得到综合指数。变异系数法确定单项因子权重表见表 7-3。由表 7-3 可知:人口密度和空间集成度被赋予最高的权重,说明这两个指标在各区的差异最大且最难实现。因此,提高人口聚集能力以及街道可达性是推进社区公共服务空间发展的关键。

表 7-3　变异系数法确定单项因子权重表

评价指标	评价因子	熵值	差异系数	权重
社区公共服务功能水平评价	人口密度/(万人·km^{-2})	0.999 433	0.000 567	0.634 469
	设施点密度/(个·0.625 km^{-2})	0.999 673	0.000 327	0.365 531
街道空间评价	道路网密度/(km·km^{-2})	0.997 999	0.002 001	0.306 145
	空间集成度	0.995 466	0.004 534	0.693 855

2. 耦合协调度评价

将上述对公共服务功能与街道空间的综合评价数值代入构建的耦合度模型，基于软件 Matlab，可直接得出耦合协调度（见图 7-12、图 7-13）。结合

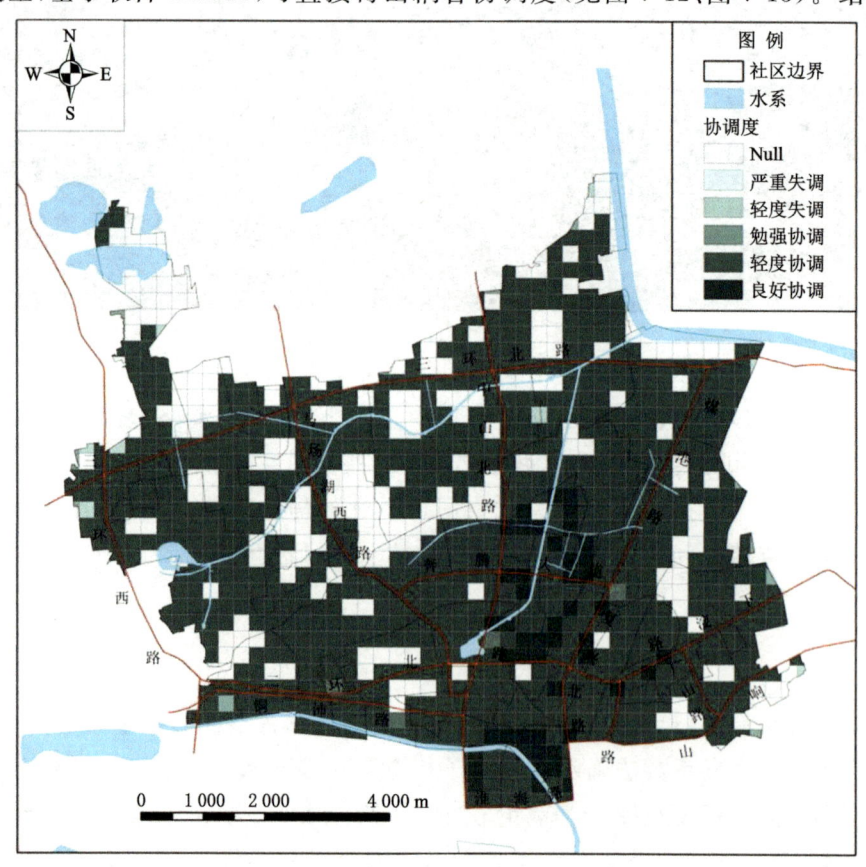

图 7-12　鼓楼区社区公共服务功能与街道空间耦合协调指数度量结果

相关文献对耦合协调度的评判标准,本书对鼓楼区社区基本公共服务功能与其街道空间的耦合关系进行了界定(见表7-4)。

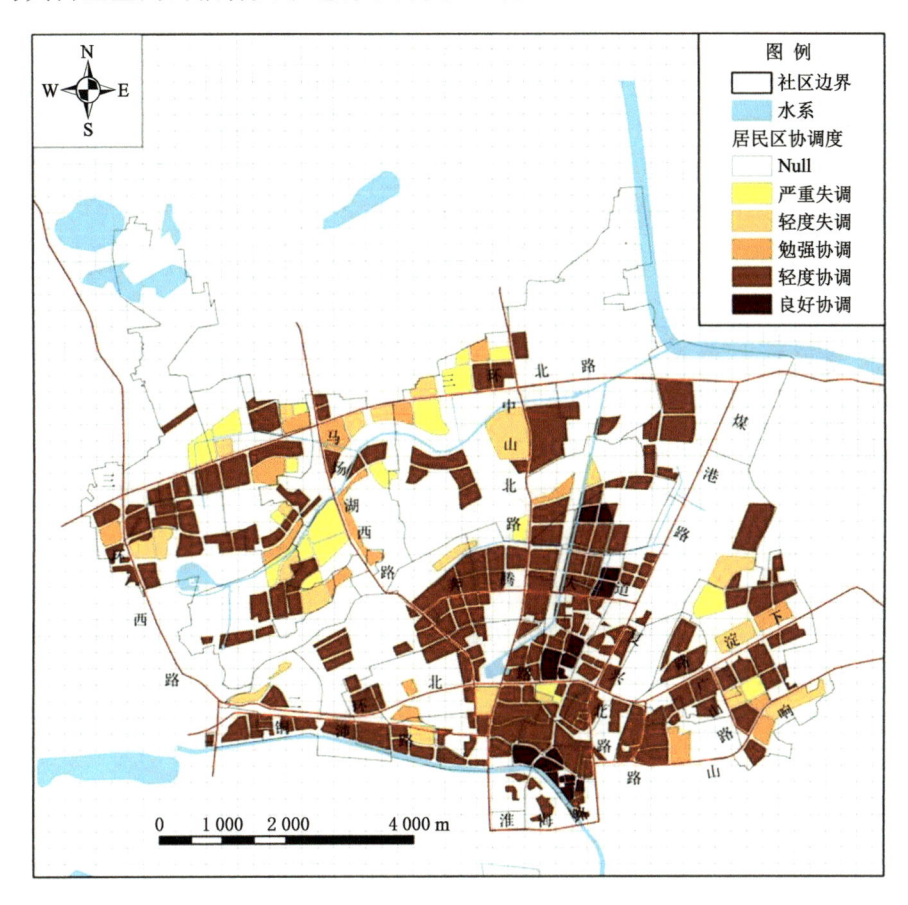

图7-13 鼓楼区居住用地耦合协调指数度量结果

表7-4 耦合协调度评价等级分类

耦合协调度	评价等级
0.00~0.29	严重失调
0.30~0.49	轻度失调
0.50~0.59	勉强协调
0.60~0.79	轻度协调
0.80~1.00	良好协调

研究鼓楼区公共服务功能与街道空间耦合协调度的大小依次是内缘区＞核心区＞外缘区。研究结果显示，鼓楼区居住用地耦合协调度为良好协调的网格为49个，占网格总数的4.15%；轻度协调的网格为830个，占网格总数的70.34%；勉强协调的网格为6个，占网格总数的0.51%；轻度失调的网格为22个，占网格总数的1.86%；严重失调的网格为273个，占网格总数的23.14%。总体而言，该区的公共服务设施能力与街道空间耦合度较协调。

总体来看，社区公共服务功能与街道空间活力良好协调度区域分布规律主要有两点。一是沿商业功能与居住功能集中的街道发展。在中山北路东侧、古黄河北岸、二环北路中段以北和奔腾大道以北，沿着中山北路与复兴北路之间地块轴向逐渐向外扩散，且形成大范围的空间集聚现象。通过实地观察发现，这些集聚区域以沿中山北路主干道布置的商业、商贸中心地，例如古彭黄金商圈、米兰国际广场、君盛广场等为中心点，向四周居民点扩散。二是朝铁路枢纽沿线地带发展，在煤港路与下淀路火车枢纽沿线的部分地区分布。

结合周边街道公共服务设施功能的空间分布来看，以可达性较高的街道为主，多为人流较为集中的地区。这说明社区公共服务设施更多集中在交通可达性高的区域，交通可达性对社区公共服务设施位置的选择同样有着重要影响。

7.3　社区公共服务设施区位公平与效率的构建路径

7.3.1　深化社区公共服务设施区位规划的认识

7.3.1.1　首要发展目标——社区公共服务设施质量均等

质量均等是对社区公共服务相关事实进行评价时常用的原则之一，该分配标准主要是基于人的最小需求，既忽略了社区公共服务设施的质量以及区位安排的差异，也忽略了不同地区内的社会群体使用社区公共服务设施的实际需求。在该配置模式下，对于社会阶层不同以及城市区位不同的居民而言，难以确保其获得质量水平相同的社区公共服务设施。所以，应综合考虑社区公共服务设施的数量、等级及质量,在空间发展方面,将质量均等作为主要的发展目标,从而解决各种空间配置方面的问题,使相关规划具有更强的针对性。

7.3.1.2 评价标准——居民对社区公共服务设施需求

就目前的情况来看,具有不同社会属性的居民对社区公共服务设施规划方面有着不同的意愿,并且对社区公共服务设施进行相关规划时,通常也忽略对居民的意见进行采集,从而导致居民意愿难以转变成一股积极的力量。因此,应注重提升居民的参与能力以及相关的权利意识。对于政府与规划者而言,应将居民以及居民需求度作为主要的规划依据,这样才能使相关社区公共服务设施能够达到空间公平的目的。

7.3.1.3 基本思路——社区公共服务设施区位与城市规划相统筹

在规划社区公共服务设施时,城市社区在性质和特点上类似,但每个社区具体情况均不相同。首先,要考虑可达性原则,发挥社区公共服务设施的最大化功能。社区内的人口数量、国家标准和指标都需要考虑,社区公共服务设施的区位以及覆盖率也要保证充足供给。其次,要考虑该社区中特殊群体的数量,社区中的社会保障和社会服务的需求与特殊群体人口数量成正比。从城市整体来看,可以把公共服务空间更新视为街道空间的一部分,努力实现街道空间要素与大都市系统要素的有机耦合。

7.3.1.4 协调中心——社区公共服务设施区位的公平与效率

效率与公平作为社会经济发展的主旋律,对社会经济的发展会造成直接影响。通常情况下,公平程度往往取决于效率水平,而效率水平又往往来源于公平程度。在对公共服务相关的设施进行规划时,需要将效率与公平进行有效结合,并且以协调合理为中心,使与公共服务相关的设施能够达到空间的相对公平。对于社区级公共服务设施而言,由于服务范围相对较小,且与居民的生活有着紧密的关联,所以在这种情况下应当将均等化布局作为工作的重心,应将社区级公共服务设施区位的公平作为主要的建设导向,实现城市空间的充分利用。

7.3.2 加强社区公共服务区位规划的质量

7.3.2.1 合理引导城市人口的分布与迁移

应结合城市空间发展战略,对城市人口的分布与迁移进行合理的引导。从整体上来看,城市人口的分布特点是外疏内密。对于大多数城市而言,其核心区均存在过度拥挤的问题,从而导致核心区内的公共服务设施难以发挥出其实际效用,而在这些城市的外围区,由于人口相对疏松,因此经常出现公共服务设施较少的现象。所以在对城市进行规划时,应当注重人口分布与迁移,有效地推动公平空间的发展。对于规划者而言,应当将精明增长以及有机疏散等理念进行结合,积极引导城内居民,促进新城区发展,使外围区的优势能够充分地发挥,从而使拓展发展空间的目的得以实现。

7.3.2.2 施行社区公共服务设施差别化供给模式

应结合群体行为偏好与社会空间特征,对差异化供给模式进行推广。规划者在配置社区公共服务设施时,需要将弱势群体能够获得的利益摆在首要位置,并根据不同地区的空间分布以及群体利益的特点等实行差异化供给。例如,对于一些收入水平较低的人群而言,由于其通常有着较差的机动能力,并且对社区公共服务设施的实际要求也相对较低,因此,在考虑这类人群的实际需求时,应当将就近原则作为主要的原则进行规划。而对于一些收入水平较高的人群而言,其通常对社区公共服务设施质量有着更高的要求,因此其通常不会受限于机动性以及经济条件。在这种情况下,进行社区公共服务设施的建设时,也应当注重社区公共服务设施的质量,从而尽量减少社区公共服务设施配置与居住人群之间的空间错位问题。

7.3.2.3 完善系统的社区公共服务设施空间分布体系

应改善不合理的居住模式,构建系统的社区公共服务设施空间分布系统体系。由于不同区位内的居民往往处于不同的阶层,因此其对社区公共服务设施的要求也有着较大的差异。针对居住分化的问题,一部分学者指出,应当采用"小聚居和大混居"这一居住模式,这样不但能够有效减少居民过度集中的问题,也能够避免出现居住区位逐渐符号化的现象,与此同时,采用这一居住模式还能够满足土地极差效益的相关需求。因此,采用"小聚居和大混居"的居住模式一方面能够有效地减少出现同质人群不断集中的现象,并且为社区公共服务设施的配置带来极大的便利;另一方面只需在不同区域内配置能够满足最高需求的社区公共服务设施即可。除此之外,在对用地以及居住区级进行规划时,还应当将同质性作为主要的要求,这不仅有利于获得居民的认同,还能够有效推动开发建设工作的完成。

7.3.2.4 构建社区公共服务设施区位评价智能模块数据库

应引入数字城市与 GIS 技术构建社区公共服务空间公平评价的模块数据库。就目前的情况来看,在对社区公共服务设施进行配置时,主要参考的指标包括人均指标、规模与投资等,并且主要采用的评价方法是对不同的数据进行对比分析。近年来,在对社区公共服务设施的空间位置进行设置时,为了确保公平评价,通常会借助于 GIS 技术进行设置。在空间方面,社区公共服务设施区位公平评价主要包括下列三个模块:① 与社区公共服务设施相关的属性模块,例如设施规模、设施类型、设施等级等;② 与使用者相关的属性模块,例如使用者的受教育程度、职业、收入、住房特征以及居住区位等;③ 与地理空间单元相关的属性模块,例如道路交通以及建设历史等。借助 GIS 技术,不但能够使与空间属性相关的数据得到有效储存,而且也能够储存其他两种类型的数据。并且在对社区公共服务设施区位进行公平评价时,需要借助于 GIS 技术的数据输出、数据分析以及数据储存等功能,从而在整体上对与此相关的数据进行分析。

7.3.3 完善社区公共服务设施的供给体系

7.3.3.1 加速向现代公共服务政府职能的转变

近年来,随着经济水平的不断提升,政府职能转型已经成为一种必然的选择。对于政府而言,其主要的任务是为人民服务,并且需要时刻将人民的利益放在首要位置,政府工作的重点任务是城市社区公共服务设施建设。广大人民的生活难题是基层政府始终应该聚焦的点。基层政府应真正满足人民的需求,并且将社区日常生活问题落到实处,从整体上提升质量水平,增强服务意识,转变传统的工作理念,完成向以服务为主导的政府转变。另外,基层政府应培养一批高质量的政府公务人员,定期开展培训,使公务人员的整体素养能够得到有效提升,这样才能确保相关部门能够提供高质量的服务。

7.3.3.2 依法制定与遵守公众参与章程

从本质上来看,社区公共服务设施建设是一项公共事业,其建设的主要目的是使公众能够得到高质量的服务,因此应当将公众视为社区公共服务设施建设过程中的参与者,而并非接受者。当下,我国公众尚未很好参与到社区公共服务设施规划中,无法发挥公众在社区公共服务设施建设项目中所应该起到的作用。首先,可以在社区内建立一套较为完善的社区公共服务设施建设意见收集系统,通过问卷、访谈等形式收集公众的要求和意见,将这些数据作为社区公共服务设施改进的首要依据,及时了解公众的需求和意愿,体现公众意志。其次,将公众可以参与到实际社区公共服务设施规划中的途径具体化,例如在社区公共服务设施建设的立项阶段,先对公众进行访谈,从而了解公众对于社区公共服务设施建设的具体需求,且在项目启动后,仍然应该保留公众提建议的权利,以便对项目计划进行合理优化。最后,标准化和均等化的前提是社区公共服务设施建设体系的制度建设工作必须全面考虑各种因素所带来的影响。

7.3.3.3 建立多样公共服务产品的供给体制

在市场利益的吸引下,社区公共服务设施的供给主体一般不是单一的,而是由多个供给方组合,共同完成社区公共服务设施的供给任务。一般来说,供给方主要可以分为三类,分别为社会营利机构、社会非营利机构以及社会公共部门。在传统情况下,社区公共服务设施的供给任务一般由政府承担,而大部分的社会机构多持逃避态度,例如教育设施供给,这类设施完全不具有营利性质,原来房地产开发商对于这类设施的供给多是逃避的,但是现在房地产开发商发现教育设施的供给可以为开发商产生外部空间绩效,从而增加额外增值收益。在这样的情况下,政府公共部门与房地产开发商在教育设施供给项目上就成了利益共同体。

7.3.4 优化社区公共服务设施的监督体系

7.3.4.1 加强标准化绩效考核

在社区公共服务设施建设完成后,应对政府的工作结果加以评价,即绩效考核。绩效考核需要具体的依据,因此,应建立相应的标准化绩效考核指标体系,从而增强绩效考核的规范性、可行性。此外,社区公共服务设施建设的绩效考核还可以督促政府增加公众对社区公共服务设施需求的重视,从而实现公共服务质量与水平的提升。同时,建立专业的社区公共服务设施的监督性部门,增强社区公共服务设施建设过程的透明性,并通过该监督性部门收集公民的利益诉求,加强公民与社区公共服务设施建设部门的沟通和交流,增加公民的满意度。此外,值得注意的是,监督性部门的设立应独立于参与社区公共服务设施的运行、设计、使用各方,从而保证监督性部门的公正性、权威性。

7.3.4.2 公开透明的绩效考核程序

若想要社区公共服务设施建设绩效考核顺利进行,非常重要的一点是要制定严格、科学的考核流程,从而增强社区公共服务设施建设绩效考核的规范性,保证该体系的有效运转。具体来说,对社区单位进行绩效考核的流程如下:由于各个社区单位所具有的特点不同,所处的环境也不同,所以应该先根据社区单位的具体情况设立不同的绩效考核规范。此外,在考核结束后,应有特定的政府服务部门收集考核数据,为了保证考核的公平、公正,该部门应该具有独立性,在数据收集完成后,应将具有联系的数据相结合,从而得出最终考核数据,并且向社会公示,接受社会各界监督。表现优异或表现不符合要求的部门成员应该在公告中分别加以表扬或惩处。

7.3.4.3 明确公共服务各方责任义务

首先,需要明晰社区公共服务设施相关权属界定。目前存在一个较为普遍的现象,即社区用地经常会对社区公共服务设施用地进行占用,从产权关系的层面上来讨论,对于社区公共服务设施,业主能够获得由开发商移交的所有权,以这样的形式来对所有权进行处理实际上是不合理的。所以,应当将居住区用地和社区公共服务设施分隔开来,尤其是在开展与此有关的安全治理工作的过程中,更需要健全相关的法律体系,为其提供支持。其次,针对开发商这一利益相关方进行相关职责的规定。开发商应当基于对安全性的考虑开展社区公共服务设施的设计和规划工作,应当在经过了全方位的考虑之后与能够提供高质量物料的供应商进行合作,与有高性能技术装备以及高质量水平的施工单位进行合作,与符合专业水平标准的监理公司进行合作。

7.3.5 提高社区公共服务设施的建设效率

7.3.5.1 将社区公共服务设施建设作为城市基础设施建设的重点

对于社区公共服务设施建设要加大投入力度。城市应当投入更多的力量建设基础教育、基本医疗、社会福利等社区公共服务设施，包括幼儿园、卫生服务站、居家养老服务中心等。除此之外，应当将群众文体活动广场、健身公园、菜市场等更多地建设在新老社区周边，丰富居民的日常生活和精神生活。因此，必须确保软硬件设施在活动场所的完备设置，拒绝以任何其他形式占用公共服务场所，要让居民的公众权益得到切实保障。

7.3.5.2 多级部门相互协调确保社区公共服务设施高效落地

为了加快服务型政府建设的脚步，使其以更高的效率为人民提供服务，集中精力建设社区公共服务设施是非常关键的一项。对于政府而言，社区公共服务设施的建设能够使其更加准确地了解居民的需求，从而有针对性地进行服务项目的供应。从居民的角度来看，所居住环境的舒适度以及生活的质量水平在社区公共服务设施得到建设以后也会有一定程度的提升。所以，居民、社会组织、相关企业以及政府机构与社区公共服务设施的建设都有着紧密的关联。为了能够使社区公共服务设施建设工作高效进行，应当相互配合，共同克服现有阻力。为此，社区管理工作的开展可基于网格化的模式来有效实现精细化。如此一来，网格系统在社区工作的长期构建下逐渐发展完善，政府能够将网格系统有效运用于建设社区公共服务设施的过程当中，企业在收集居民信息时也能够精确掌握网格中成员的需求。

7.3.5.3 重视社区公共服务设施的规划设计

社区公共服务设施空间是居民进行日常活动的主要场所。每一个公民的切身利益均与社区公共服务设施空间的规划相关。在我国部分城市里，社区公共服务设施地理区域的设计不合理，各种问题交织在一起，包括大城市交通拥堵、时间成本、市民体力等多种问题，居民享受社区公共服务设施的积极性极易被挫伤，这是我国社区公共服务设施利用效率低的隐藏因素。在此状况下，合理地对社区公共服务设施区位进行安排是重中之重。除此之外,由于社区公共服务设施具有一定的共有性,因此在开展相关工作时,应当将安全放在第一位,确保居民在使用相关社区公共服务设施时的安全,从细节入手,不断提高相关社区公共服务设施的完善程度。

7.4 社区公共服务设施布局优化策略

7.4.1 提升社区公共服务设施布局均衡性与空间吸引力

根据空间可达性与感知可达性的评价对比分析发现,一些社区的公共服务设施可获得性不断增长,但居民感知可达性评价并没有随之增加,反而容易受到其他相关影响因素的作用而降低。由此可见,仅扩大社区公共服务设施的布局规模,并非一定可以提高居民对社区公共服务设施空间的感知可达性评价,还需要对其他影响因素进行关注。根据社区公共服务设施布局现状,应对处于公共服务盲区范围内的居民点优先关注;对已达到一定公共服务能力,但居民对社区公共服务设施空间感知评价仍较差的居民点,则应着重从居民的主观感受入手,针对具体问题寻找影响因素,详细制定相关改善举措,在居民可接受的有效社区公共服务设施范围内进行空间布局。

确定社区公共服务设施的整体空间分布层级。例如,鼓楼区的社区公共服务设施的空间分布是轴线指向,社区公共服务设施倾向于东西向,主要分布于二环路附近,圈层分异现象明显,密度由内向外逐渐减少。因此,在对鼓楼区的社区公共服务设施进行整体布局规划时,应确定社区级公共服务中心,同时应考虑不同圈层内的人口密度和人均可达规模。鼓楼区内步行与交通可达性较高的街道主要集中在核心区与内缘区,社区公共服务设施空间实际服务范围相对扩张,造成实际到达社区公共服务设施空间的居民人数远远高于规划内的居民人数,最终可达性服务能力的人均占有量相对减少。针对此类问题,一方面,可以将社区公共服务设施布局在重要空间节点上。例如,鼓楼区核心区内的主干道附近,道路交会、道路密集处等易形成社区公共服务设施集聚的地区。另外,黄楼、牌楼、环城此类商贸、服务等产业多样化的地区,更容易吸引片区内居民,可以在这些重要的空间节点上增加社区公共服务设施点。另一方面,可以在周围的居民点配置规模较小的社区公共服务设施空间。小型社区公共服务设施空间的分散布局可以有效改善配置均衡度，使处于服务盲区的居民有更大的机会获取社区公共服务设施，社区公共服务设施功能也能更好地适应社区居民需求。特别是中老年人、残疾人等弱势人群更倾向于前往小型的游憩空间来进行日常户外活动，居民可以在其中散步、交谈、陪伴孩子。小型社区公共服务设施空间所营造的归属感与亲和性十分具有存在价值。

注重社区公共服务设施空间多样吸引力的打造。提高土地利用的多样性与空间功能的复合型，在社区公共服务设施设计与建设中强调"混合使用"的原则，注重提供丰富的活动功能，使得各类人群各取所需，促进使用者的融合。例如，在服务空间融入各种符合社区居民日常生活的主题、建筑特色、特色活动等吸引力点，可以强化居民的空间感知，保证空间活力的延续。

7.4.2 强化街道步行适宜性与弱化到达阻隔因素

社区公共服务设施从"增量"到"存量"的核心是优化社区公共服务设施点周边的道路空间可达性，确保步行关联度较强的社区公共服务设施之间的步道串联。城市核心区的社区公共服务设施空间与城市空间保有着较高的耦合协调度，提高现有的社区公共服务设施可达性，增加街道空间活力，使居民能够更便捷享受到社区周边优质的公共服务。

例如，鼓楼区的雅园社区和水云间社区的社区公共服务设施空间可以得到居民较高的感知可达性评价，与居民获取公共服务过程中良好的感受密不可分。社区周边支路密集，街道两旁树木林立，行走其中非常舒适与顺畅，街道整体空间环境幽静，给人以安全感，这些街道的步行适宜性大大提高了居民对社区公共服务设施空间的感知可达性。服务空间可达过程感知较差的社区，可以通过提高街道绿化、设置休闲座椅与遮阳遮雨等设施、增添文化场所、增加夜间照明设备等来强化街道步行适宜性。

调研中发现，到达社区公共服务设施的道路通畅性是影响居民感知可达性的基础因素，弱化到达过程中的阻碍因素是十分必要的，例如围墙阻隔因素、自然阻隔因素、高等级道路阻隔因素等。绿健社区的居民实际要到达社区公共服务设施空间均有一定的阻碍因素，例如若想前往九龙湖公园，则必须途经一段步行体验较差的路段，且沿途要经过工业园区；向西去往相邻街道的社区公共服务设施空间，居民需要步行穿过主干道路，安全性较差；向北去则需要穿越棚户区拥挤且狭窄的道路，两侧散布小商贩阻碍道路交通。这些造成居民前往的动力变弱，对阻隔作用感受也更加明显，所以通过空间吸引力的提高可以在一定程度上弱化阻隔感受。

7.4.3 增加弱势群体的关注与提供差异化功能

通过问卷调研发现，老年人和儿童在使用社区公共服务设施、参与社区日常活动的频次远远高于其他年龄阶段的人群。除了这两类人群不需要上班和上学，可以将大量的时间花费在社区日常活动中之外，随着老龄化与三孩政策的开放，老年人与儿童数量会出现大幅增长，社区公共服务设施的空间环境适宜性对他们变得尤为重要与必要。社区实际走访中，也观察到工作日在社区公共服务设施空间内活动的主要人群一类是老年人和儿童，另一类则以残疾人群为主。随着社会文明程度与生活节奏的不断加速，越来越多的残疾人也开始走出家门，并在公共场所进行社交活动。因此，社区公共服务设施空间的获取过程与空间内部的无障碍设计变得非常有必要。

此外，针对不同社区内的群体特征调整社区公共服务设施空间。例如，华厦社区等老旧小区较多的社区，主要反映出社区公共服务设施空间在物质环境设计和步行适宜性等因素对感知可达性的影响。量化的空间可达性评价较高，但居民并没有表现出相应的行为偏好。此类型社区可以通过提升场所空间氛围、增加可供停靠的休息座椅、遮雨遮阳棚等细节设计，增加居民对社区公共服务设施的满意度。水云间社区等新老小区混合的社区，具体情况分析最为复杂，由于社区中居民群体较为复杂，应着重考虑个体经济属性差异、场所归属感、情感联系等因素对社区公共服务设施空间的影响作用。绿健社区等涉农城市社区，其本身空间结构较为混乱，因受到周围空间开发强度的不断压制，其内在社区公共服务水平并没有得到相应提高，应从社区内部公共服务设施空间布局优化入手，消除道路上的阻隔，以提高居民对社区公共服务设施的感知。因此，提升鼓楼区社区公共服务设施布局，应针对不同社区属性达到因地制宜的效果。

7.4.4 保障社区公共服务设施空间开放性与包容性

有研究提出，社区围墙的本质是降低社区公共服务供给成本的工具。社区围墙所带来的是公共资源的私有化，与此同时，社区公共服务设施空间的公共性应随之降低。例如,鼓楼区雅园社区近年来新建的商品房小区,主要反映出了公共资源私有化和入口的引导性等因素对感知可达性的影响作用。建议适度将封闭的街区打开,形成小区与外围之间联系的便捷通道,方便小区内外居民的到达;丰富社区公共服务设施空间内的景观小品等趣味性设计,增加服务空间与街道空间活力,是此类型社区公共服务设施空间改造的重点,应以此来提升社区公共服务资源的开放性和公共性。

结合商业服务设施提升社区公共服务设施空间的包容性。一般的社区公共服务设施布局规划与选址往往是独立划分出的社区公共服务设施用地,绕开了围绕商业开发与运营的商业服务设施空间。这使得社区公共服务设施空间功能化较为单一,降低了与居民其他日常活动行为的包容性。在未来的社区公共服务设施规划与空间设计中,可以更加注重为居民提供多样且便利的日常生活空间,提升社区公共服务设施空间的包容性。

第 8 章

结 语

  深化区位规划的认识、加强区位规划质量、完善设施供给体系、优化设施监督体系与提高设施建设效率是保障社区公共服务设施区位公平与效率的基本路径。可通过提升布局均衡性与空间吸引力、强化步行适宜性与弱化阻隔因素、增加弱势群体关注与增强供给差异性、保障空间开放性与包容性等方面对社区公共服务设施布局进行优化。

8.1 研究结论

本书围绕社区公共服务设施的区位评价,通过定性分析与定量研究结合法,从理论、方法、实证等层面进行广泛而深入的研究,主要得到了以下六点结论。

(1) 提出基于社区生活圈"供—需—行"平衡原理的社区公共服务设施区位影响因素研究方法。

本书基于对城市社区地理学等理论的分析,认为社区生活圈是社区空间的二次构建,居民与各类社区公共服务设施在社区空间进行互动。其中,供给是指社区公共服务设施在社区生活圈中的布局模式与现状,需求是指生活在社区生活圈中的居民对社区公共服务设施的选择需求,行为是指居民在日常活动空间获取社区公共服务设施的行为特征。本书对社区公共服务设施区位的相关影响因素进行分析,提出政府作为社区生活圈中的社区公共服务设施供给主体,在提供社区公共服务设施过程中会受到政府自身价值观、供给模式、供给能力等因素的制约;居民作为社区公共服务设施的使用主体对区位的影响因素主要包括居民的需求因素和社会经济属性因素;居民在获取社区公共服务设施的行为过程中会受到社区公共服务设施客体周边的可达性、空间环境与政策法规等因素的影响。

(2) 基于问卷数据统计分析,提出社区公共服务设施感知可达性影响因子关系分析模型,证实了空间感知维度影响因子与行为感知维度影响因子之间存在密切的逻辑关系。

本书研究表明,社区公共服务设施空间感知可达性的影响因素广泛,通过主成分分析法,将其归纳为空间环境感知维度与行为感知维度两个方面。其中,空间环境感知维度由视觉感知因子、交通感知因子、心理感知因子构成;行为感知维度由推荐行为因子和参与行为因子构成。影响因子相关性分析结果表明,社区公共服务设施空间的视觉感知因子对居民推荐行为的影响最为突出;社区公共服务设施空间的心理感知因子对居民参与行为的影响最为突出;居民对社区公共服务设施空间满意度与行为偏好维度中的各因子均有显著的正相关关系,而且这种关系相对较为紧密。影响因子的方差分析结果表明,中老年人、高收入群体和已婚的居民对社区公共服务设施空间有较高的感知可达;社区公共服务设施空间内的活动是居民日常生活的一部分,不受出行方式、时间以及地点等因素的影响。

(3) 基于改进两步移动搜索法建立了公平性评价模型,发现研究区域内社区公共服务设施空间的分布特征和社区公共服务设施使用机会的公平性差异。

将距离衰减作用和各类社区公共服务设施的居民需求指数考虑到两步移动搜索法模型中,选取居民点可达性等级、服务人口比、服务覆盖率作为公平性评价指标,研究结果表明:与徐州市同等发展规模的城市,建设规划的"15分钟社区生活圈"实际较难达到,将模拟计算中的搜索半径阈值设定为 2 000 m(步行时间约 20 min),显示各居民点到达社区公共服务设施点的距离可达性分布均匀,社区公共服务设施点的服务覆盖能力达到最佳。结合案例发现,伴随城市空间的动态发展,城市的核心区内供需矛盾最为突出,而城市内缘区成为社区公共服务设施布局的重点。社区公共服务设施的低可达性片区与服务盲区大多集聚分布在城市核心区内,并在内缘区内零散分布。城市外缘区的社区公共服务设施可达性分布较为均等,内缘区将会成为疏导核心区向外缘区延续扩张的重要布局节点。

(4) 利用不同感知可达性影响因子在社区公共服务设施空间中的作用特征对社区公共服务设施空间服务水平进行评价,结果表明良好的社区公共服务设施空间环境可以刺激居民产生使用社区公共服务设施的行为。

基于问卷数据统计,将感知可达性影响因子运用到社区公共服务设施空间服务水平评价的实证研究中,研究结果表明:社区公共服务设施空间到达的畅通性和便捷性等因子在感知可达性评价中起到基础性影响作用;社区公共服务设施空间的环境品质、获取过程中道路步行舒适度、环境安全性、空间场所的归属感、空间的开放性等因子的不足,则会大幅度降低居民的感知可达性评价。因此,当客观空间层面上的社区公共服务设施可达性短时间内难以提高时,可以利用上述影响因子的作用特征,逐渐实现社区公共服务设施空间良好的感知可达性,提升社区公共服务设施供给能力。

(5) 基于改进协调度的测度模型,揭示了社区公共服务功能和街道空间两个系统间的耦合规律。

本书选取人口密度与设施点密度作为社区公共服务功能水平评价指标,道路网密度与空间集成度作为街道空间评价指标,通过评价指标权重分析得出,人口密度、空间集成度是综合评价的重要评价指标,提高人口聚集能力以及街道可达性是推进社区公共服务设施空间发展的关键。基于 Matlab 软件,将上述各评价指标带入测度模型,得出两个系统间的耦合度。研究结果表明:研究区域内的社区公共服务设施功能与街道空间耦合度较协调,良好协调度网格占比由高到低依次是城市内缘区、核心区、外缘区。从社区公共服务设施功能与街道空间之间的高耦合度分布规律来看,主要是集中在以下两个区域:城市商业功能与居住功能集聚的街道空间、涵盖城市重要交通枢纽的街道空间。因此,社区公共服务设施空间活力的提高与各空间之间的道路网络连接度及步行高可达性密切相关。

(6) 从政策引导和空间优化两个层面提出了社区公共服务设施区位公平与效率的构建路径以及布局优化策略。

本书基于空间公平性的自相关关系、空间需求、使用行为偏好三个方面的研究结果,提出了社区公共服务设施空间发展的四类模式:成熟发展型社区、失衡滞后型社区、转型融合型社区和加强过渡型社区。研究结果认为,在政策引导方面,深化区位规划的认识、加强区位规划质量、完善设施供给体系、优化设施监督体系与提高设施建设效率是保障社区公共服务设施区位公平与效率的基本路径。在空间布局方面,可通过提升布局均衡性与空间吸引力、强化步行适宜性与弱化阻隔因素、增加弱势群体关注与增强供给差异性、保障空间开放性与包容性等方面对社区公共服务设施布局进行优化。

8.2 研究不足与展望

本书探讨了如何对社区公共服务设施区位进行评价,并结合实际案例分析,得出社区公共服务设施的供需特征。但随着研究的不断深入,本书在评价过程中还存在一定的局限性与不足之处,这些均可作为下一步深入研究的方向。

(1) 社区公共服务设施的空间活力与城市其他空间系统相关性研究方面。社区公共服务设施空间是城市环境建设中的一个重要组成部分,除了自身可以独立成为一个相对完整的空间结构体系,其本身也属于城市复杂空间系统中的一个结构单元,与其他空间系统之间有着紧密的空间性或功能性上的联系。例如,城市建筑空间系统、城市公园绿地系统和城市广场系统等。因此,可以进一步完善社区公共服务设施及周边地区的活力构成因素研究,为城市发展与社区活力营造提供更加丰富的结论。

(2) 社区公共服务设施的时空演变特征分析方面。城市发展是一个动态的过程,但本书的相关研究只获取到2020年的数据,无法对不同年份的城市居住用地、城市公共服务设施用地等空间分布变化进行分析。在接下来的研究中,可以结合城市发展历程,收集各个时间段的历史数据,利用社区公共服务设施建设的纵向数据对比分析得出其在城市空间结构调整中的变化规律,对未来社区公共服务设施空间配置发展方向提供合理的对策。

(3) 社区公共服务设施建设调节机制研究方面。国内社区建设正处于大规模发展阶段,但简单的机械性重复似乎在制约现阶段的社区建设管理,本书的研究从社区公共服务设施区位的主要影响因素入手,重点评价了社区公共服务设施区位现状,在此基础上对社区公共服务设施空间与城市街道空间的协调测度进行了反馈调节。但这种调节模式相对来说仅是空间视角上的,相对较为单一。未来的社区空间构建还需要更加复杂的建设调节模式,开放式社区空间的研究重点可能会考虑较为全面的调节机制,例如"城市规划—设计—建设—调整""规划管理—设计—反馈—调整设计",等等。

参考文献 / References

[1] THISSE J. Location theory, regional science, and economics[J]. Journal of regional science, 1987, 27(4): 519-528.

[2] 杨吾扬. 区位论与产业、城市和区域规划[J]. 经济地理, 1988, 8(1): 3-7.

[3] 刘树成, 李强, 薛天栋. 中国地区经济发展研究[M]. 北京: 中国统计出版社, 1994.

[4] 陈文福. 西方现代区位理论述评[J]. 云南社会科学, 2004(2): 62-66.

[5] 陆大道. 区位论及区域研究方法[M]. 北京: 科学出版社, 1988.

[6] 金相郁. 20世纪区位理论的五个发展阶段及其评述[J]. 经济地理, 2004, 24(3): 294-298, 317.

[7] KRUGMAN P. First nature, second nature, and metropolitan location[J]. Journal of regional science, 1993, 33(2): 129-144.

[8] FUJIRA M, KRUGMAN P, VENABLES A J. The spatial economy: cities, regions, and international trade [M]. Cambridge: MIT

Press,1999.

[9] COOPER L. Location-allocation problems[J]. Operations research,1963,11(3):331-343.

[10] MCALLISTER D M. Equity and efficiency in public facility location[J]. Geographical analysis,1976,8(1):47-63.

[11] CHO C J. An equity-efficiency trade-off model for the optimum location of medical care facilities[J]. Socio-economic planning sciences,1998,32(2):99-112.

[12] MUELLER E J, HILDE T W, TORRADO M J. Methods for countering spatial inequality:incorporating strategic opportunities for housing preservation into transit-oriented development planning[J]. Landscape and urban planning,2018,177:317-327.

[13] RAHMAN M, YASMIN S, ELURU N. Evaluating the impact of a newly added commuter rail system on bus ridership:a grouped ordered logit model approach[J]. Transportmetrica a:transport science,2019,15(2):1081-1101.

[14] KINMAN E L. Evaluating health service equity at a primary care clinic in Chilimarca, Bolivia[J]. Social science & medicine,1999,49(5):663-678.

[15] TALEAI M, SLIUZAS R, FLACKE J. An integrated framework to evaluate the equity of urban public facilities using spatial multi-criteria analysis[J]. Cities,2014,40(Part A):56-69.

[16] TSOU K W, HUNG Y T, CHANG Y L. An accessibility-based integrated measure of relative spatial equity in urban public facilities[J]. Cities,2005,22(6):424-435.

[17] VENTER Z S, SHACKLETON C M, VAN STADEN F, et al. Green apartheid:urban greeninfrastructure remains unequally distributed across income and race geographies in South Africa[J]. Landscape and urban planning,2020,203:1-12.

[18] 李苒. 西安市城区基础教育资源配置与空间布局的均衡性研究[D]. 西安:西北大学,2014.

[19] 胡海波.公共服务均等化视野下恩施州城乡社会体育资源配置与利用研究[D].昆明:云南师范大学,2016.

[20] 朱小雷,王博.老年人视角的广州典型保障性社区养老服务配套差异性评价[J].现代城市研究,2022,37(1):24-29.

[21] WITTEN K, EXETER D, FIELD A. The quality of urban environments:mapping variation in access to community resources[J]. Urban studies,2003,40(1):161-177.

[22] NAHMIAS-BIRAN B H, MARTENS K, SHIFTAN Y. Integrating equity in transportation project assessment:a philosophical exploration and its practical implications[J]. Transport reviews,2017,37(2):192-210.

[23] PHILIBERT M D, PAMPALON R, HAMEL D, et al. Material and social deprivation and health and social services utilisation in Québec:a local-scale evaluation system[J]. Social science & medicine,2007,64(8):1651-1664.

[24] 彭菁,罗静,熊娟,等.国内外基本公共服务可达性研究进展[J].地域研究与开发,2012,31(2):20-25.

[25] 宋正娜,陈雯.基于潜能模型的医疗设施空间可达性评价方法[J].地理科学进展,2009,28(6):848-854.

[26] 林康,陆玉麒,刘俊,等.基于可达性角度的公共产品空间公平性的定量评价方法:以江苏省仪征市为例[J].地理研究,2009,28(1):215-224,278.

[27] 张纯,李晓宁,满燕云.北京城市保障性住房居民的就医可达性研究:基于GIS网络分析方法[J].人文地理,2017,32(2):59-64.

[28] 浩飞龙,张浩然,王士君.基于多交通模式的长春市公园绿地空间可达性研究[J].地理科学,2021,41(4):695-704.

[29] ALIREZA B A, FARAHANI R Z. Facility location dynamics:an overview of classifications and applications[J]. Computers & industrial engineering,2012,62(1):408-420.

[30] DELMELLE E C, CASAS I. Evaluating the spatial equity of bus rapid transit-based accessibility patterns in a developing country:the case of

Cali, Colombia[J]. Transport policy, 2012, 20: 36-46.

[31] MÄKINEN K, TYRVÄINEN L. Teenage experiences of public green spaces in suburban Helsinki[J]. Urban forestry & urban greening, 2008, 7(4): 277-289.

[32] 王松涛, 郑思齐, 冯杰. 公共服务设施可达性及其对新建住房价格的影响: 以北京中心城为例[J]. 地理科学进展, 2007, 26(6): 78-85, 147-148.

[33] 江海燕. 广州公园绿地服务水平的空间差异及社会公平研究[D]. 广州: 中山大学, 2010.

[34] 郑童, 吕斌, 张纯. 北京流动儿童义务教育设施的空间不均衡研究: 以丰台区为例[J]. 城市发展研究, 2011, 18(10): 115-123.

[35] 黄杉, 张越, 华晨, 等. 开发区公共服务供需问题研究: 从年龄梯度变迁到需求层次演进的考量[J]. 城市规划, 2012, 36(2): 16-23, 36.

[36] 湛东, 张文忠, 杨翌朝. 北京城市居民服务设施可达性偏好与现实错位[J]. 地理学报, 2013, 68(8): 1071-1081.

[37] GRIFFIN P M, SCHERRER C R, SWANN J L. Optimization of community health center locations and service offerings with statistical need estimation[J]. IIE transactions, 2008, 40(9): 880-892.

[38] SIRGY M J, GAO T, YOUNG R F. How does residents' satisfaction with community services influence quality of life (QOL) outcomes?[J]. Applied research in quality of life, 2008, 3(2): 81-105.

[39] TEIXEIRA J C, ANTUNES A P. A hierarchical location model for public facility planning[J]. European journal of operational research, 2008, 185(1): 92-104.

[40] BESSER T L, MILLER N J, MALIK R. Community amenity measurement for the great fly-over zones[J]. Social indicators research, 2012, 106(2): 393-405.

[41] PLUNZ R A, ZHOU Y J, CARRASCO VINTIMILLA M I, et al. Twitter sentiment in New York city parks as measure of well-being[J]. Landscape and urban planning, 2019, 189: 235-246.

[42] HOSSEINI A, FARHADI E, HUSSAINI F, et al. Analysis of spatial (in)equality of urban facilities in Tehran: an integration of spatial

accessibility[J]. Environment, development and sustainability, 2022, 24(5):6527-6555.

[43] BARBOSA O, TRATALOS J A, ARMSWORTH P R, et al. Who benefits from access to green space? A case study from Sheffield, UK[J]. Landscape and urban planning, 2007, 83(2/3):187-195.

[44] FRANSEN K, FARBER S, DERUYTER G, et al. A spatio-temporal accessibility measure for modelling activity participation in discretionary activities[J]. Travel behaviour and society, 2018, 10:10-20.

[45] 林振德,赵伟.农村公共基础设施投资区域差异影响因素研究[J].农村经济,2016(1):88-94.

[46] 田祥宇,李沛玥.我国农村基础设施投资公平性影响因素研究:基于享有公平的视角[J].宏观经济研究,2016(11):142-151.

[47] 湛东升,章倩芸,曾春水.北京城市居民公共服务设施满意度与影响因素探测[J].北京联合大学学报(自然科学版),2021,35(1):1-9.

[48] 高军波,付景保,叶昌东.广州城市公共服务设施的空间特征及其成因分析[J].地域研究与开发,2012,31(6):70-75.

[49] 陈洁,陆锋,程昌秀.可达性度量方法及应用研究进展评述[J].地理科学进展,2007,26(5):100-110.

[50] 邹思聪,张姗琪,甄峰.基于居民时空行为的社区日常活动空间测度及活力影响因素研究:以南京市沙洲、南苑街道为例[J].地理科学进展,2021,40(4):580-596.

[51] 史健洁,朱晓芳,马强.社区公共服务设施空间布局规划研究:以镇江市润州区为例[J].江苏城市规划,2012(11):13-17.

[52] 赵娜,刘润民,赛呼.居住区公共服务设施配建研究:以乌兰察布市为例[J].内蒙古科技与经济,2014(5):13-14.

[53] 罗吉,陈兆,高喆.城市低收入社区生活圈公共服务设施配置空间分异研究:以武汉市为例[J].现代城市研究,2022(9):61-67.

[54] 刘雪娇.用途混合视角下的社区公共服务设施精细化规划策略探讨[J].城市发展研究,2021,28(11):31-37.

[55] 王兴平,胡畔,沈思思,等.基于社会分异的城市公共服务设施空间布局

特征研究[J].规划师,2014,30(5):17-24.

[56] 周春山,徐期莹,曹永旺.基于理性选择理论的广州不同类型社区老年人独立居住特征及影响因素[J].地理研究,2021,40(5):1495-1514.

[57] 江明.生活圈视角下的县域单元公共服务设施配置研究:以邢台市内丘县为例[D].天津:天津大学,2015.

[58] 吴晨玮.基于城市POI点的西安市中心城区公共服务设施空间布局优化研究[D].西安:西北大学,2017.

[59] 季琳,吴晓,陆筱恬.武汉市中心区医疗设施供给水平研究[J].现代城市研究,2020(11):42-52.

[60] 唐一丹,朱文健.O2O模式下城市餐饮空间布局特征及规划启示:以深圳市中心城区餐饮空间为例[J].南方建筑,2022(8):92-99.

[61] 余正,上官宗珊,周丹丹,等.基于时空影响因子的未来社区生活圈公共服务设施优化配置[J].测绘通报,2022(8):143-148,154.

[62] 张亚楠,高惠瑛.基于ArcGIS的多准则地震应急避难所选址规划研究[J].震灾防御技术,2019,14(2):376-386.

[63] 孙华丽,柴丽萍,张玲,等.震后多目标动态应急医疗设施选址:伤员转运问题研究[J].中国管理科学,2020,28(3):103-112.

[64] 于珊珊,彭鹏,田晓琴,等.基于GIS的长沙市医院空间布局及优化研究[J].长沙大学学报,2012,26(2):90-94.

[65] 汪静怡.公益性公共服务设施选址优化研究[D].重庆:重庆大学,2015.

[66] 陶卓霖,程杨,戴特奇,等.公共服务设施布局优化模型研究进展与展望[J].城市规划,2019,43(8):60-68,88.

[67] 何振华.旧城区社区公共服务设施规划研究:以重庆市江北区五里店街道为例[D].重庆:重庆大学,2016.

[68] 宋聚生,孙艺,孙泊洋.基于行政边界优化的社区中心规划:以重庆市江北区为例[J].规划师,2016,32(8):98-105.

[69] 程文,夏雷.严寒地区村镇公共服务设施配置与布局优化[J].规划师,2015,31(6):81-85.

[70] 焦健.基于居民日常活动出行特征的社区公共服务设施布局研究:以西安市为例[D].西安:西安建筑科技大学,2017.

[71] 邢泽坤.西安居家养老模式下社区养老服务设施类型及布局研究:以太乙路街道为例[D].西安:西安建筑科技大学,2017.

[72] 孙雅文.住区公共服务设施配置的特征研究:以西安经开区为例[D].西安:西安建筑科技大学,2017.

[73] 李坤,李远,杨琼.美丽乡村公共服务设施配置支持系统[J].安徽建筑,2019,26(10):14-17,27.

[74] 康健,姜晓萍.基本公共服务均等化实现程度:评价要素与维度[J].上海行政学院学报,2020,21(2):28-34.

[75] 杨迎亚,汪为.城乡基本公共服务均等化的减贫效应研究[J].华中科技大学学报(社会科学版),2020,34(2):75-82,140.

[76] 李华,董艳玲.基本公共服务均等化是否缩小了经济增长质量的地区差距?[J].数量经济技术经济研究,2020,37(7):48-70.

[77] 秦小平,李明.体育基本公共服务均等化的内涵分析及评价指标构建[J].河北体育学院学报,2010,24(5):15-18.

[78] 李连芬,刘德伟.西部地区教育公共服务均等化:指标体系及其测度[J].重庆社会科学,2010(3):20-23.

[79] 许欢科,滕俊磊.广西沿边地区基本公共服务均等化提质问题研究[J].广西民族师范学院学报,2020,37(3):39-43,83.

[80] 吕斌,张玮璐,王璐,等.城市公共文化设施集中建设的空间绩效分析:以广州、天津、太原为例[J].建筑学报,2012(7):1-7.

[81] 孙苏娴,朱婷怡,金雨蒙,等.应对人口老龄化的城市公共服务设施建设体系研究[J].中华民居,2013(12):213-215.

[82] 徐艺文,常江.基于消费行为的城市公共文化设施供给策略创新研究:以徐州市为例[J].现代城市研究,2018,33(3):66-73.

[83] 涂克环,古旭,张凯旋,等.上海市免费公园中老年游客行为及满意度特征调查[J].城市环境与城市生态,2014,27(1):32-37.

[84] 黄泓怡,彭恺,邓丽婷.生活圈理念与满意度评价导向下的老旧社区微更新研究:以武汉知音东苑社区为例[J].现代城市研究,2022(4):73-80.

[85] 刘春济,高静.大都市滨水区感知可达性的维度结构及其关系:以上海市浦江滨水区为例[J].城市问题,2017(12):33-39.

[86] 韩西丽,斯约斯特洛姆. 城市感知:城市场所中隐藏的维度[M]. 北京:中国建筑工业出版社,2015.

[87] 任尧. 城市开放性公园绿地的环境评价对其价值延续的指导性探究:以重庆中央公园为例[J]. 中国园林,2021,37(A1):129-133.

[88] KÜBLER D,ROCHAT P E. Fragmented governance and spatial equity in metropolitan areas:the role of intergovernmental cooperation and revenue-sharing[J]. Urban affairs review,2019,55(5):1247-1279.

[89] DAN S,ANDREWS R. Market-type mechanisms and public service equity:a review of experiences in European public services[J]. Public organization review,2016,16(3):301-317.

[90] DURST N J,SULLIVAN E. The contribution of manufactured housing to affordable housing in the United States:assessing variation among manufactured housing tenures and community types[J]. Housing policy debate,2019,29(6):880-898.

[91] LI H P,WANG Q F,DENG Z W,et al. Local public expenditure,public service accessibility,and housing price in Shanghai,China[J]. Urban affairs review,2019,55(1):148-184.

[92] 雷诚,罗震东. 大都市社区公共服务设施供给研究:基于"三三制"的体系构建[J]. 城市规划,2019,43(8):41-52.

附录 / Appendix

调查问卷一：居民活动行为与社区公共服务设施空间满意度调查

您好！我们正在对社区公共服务设施空间进行调查研究，现就有关社区公共服务设施空间感知状况，向您进行问卷调查，您的观点对我们的研究具有重要的参考作用，请客观陈述您的观点，在对应的选项上打"√"。我们保证对您的个人资料完全保密，敬请放心。本次调研约 5 min，给您带来的不便敬请谅解，并致以诚挚的谢意。

第一部分：基本信息

1. 您的性别：
□男　　　　　　　　□女

2. 您的年龄：
□20 岁及以下　　　□21～30 岁　　　□31～45 岁
□46～60 岁　　　　□61 岁及以上

3. 您的学历：
□初中及以下　　　□高中　　　　　□大专或本科
□研究生及以上

4. 您的职业：
□公务员　　　　　□科教文卫领域人员　□企事业人员

□专业技术人员　　　□工人、销售人员　　　□私营业主
□离退休人员　　　　□学生　　　　　　　　□其他

5. 您的家庭月收入：

□2 000元及以下　　　□2 001~5 000元　　　□5 001~10 000元

□10 001~20 000元　　□20 001~50 000元　　□50 001元及以上

6. 您的家庭类型：

□单身独住

□单身和父母同住

□已婚,夫妻独住

□已婚,夫妻携子女(最小子女未满12岁)

□已婚,子女已成年,但仍同住

□已婚,子女已成年且已独立生活

□离异、丧偶

□已婚,三代以上同住

□其他

7. 您工作日平均每天可以自由支配的时间大概有？（只能选一项）

（注：工作日可自由支配时间指除去工作时间、上下班交通时间、睡眠和吃饭等正常生理活动时间、家务劳动时间以外的时间）

□≤1小时　　□2小时　　□3小时　　□4小时　　□5小时　　□6小时
□7小时　　　□8小时　　□>8小时

8. 您休息日平均每天可以自由支配的时间大概有？（只能选一项）

（注：休息日可自由支配时间指除去加班、学习、睡眠和吃饭等正常生理活动时间、家务劳动时间以外的时间）

□≤1小时　　□2小时　　□3小时　　□4小时　　□5小时　　□6小时
□7小时　　　□8小时　　□>8小时

第二部分：居民社区活动特征调查

1. 通常情况下,您到社区活动是从哪里出发的？（只能选一项）

□家（住宅）　　□工作单位或目前读书的学校　　□其他

2. 您在社区的身份：

□本地居民（含非经营性工作者）　　□外来访客　　□店铺经营者

3. 平时您在社区中进行哪些活动？

☐逛街 ☐交通出行 ☐餐饮 ☐购物 ☐休息
☐聊天 ☐会友 ☐拍照 ☐遛狗 ☐棋牌
☐健身运动 ☐放松心情 ☐散步 ☐晒太阳 ☐其他

4. 通常情况下,您每周参加在社区活动的平均次数？（只能选一项）
☐少于1次 ☐1次 ☐2次 ☐3次 ☐4次
☐5次 ☐6次 ☐7次 ☐7次以上

5. 通常情况下,您从出发地点到最经常去的社区活动场所的距离大约为：
☐300 m 及以内 ☐301～500 m ☐501～1 000 m
☐1 001～1 500 m ☐1 501～2 500 m ☐2 501～5 000 m
☐5 001～10 000 m ☐10 000 m 以上

6. 通常情况下,您从出发地点到达最经常去的社区活动场地所花费的时间大约为：
☐5 min 及以内 ☐6～15 min ☐16～30 min ☐31～45 min
☐46～60 min ☐60 min 以上

7. 您在社区中进行的以上活动发生在哪个时间段？
☐5:00～7:00 ☐7:00～9:00 ☐9:00～11:00 ☐11:00～13:00
☐13:00～15:00 ☐15:00～17:00 ☐17:00～19:00
☐19:00～21:00 ☐21:00～23:00 ☐23:00～5:00

8. 您在社区中进行的活动参与人数一般为多少？
☐一人活动 ☐两人活动 ☐群体活动（三人以上）

9. 您使用过以下哪些社区公共服务设施空间？（多选）
☐街道（人行空间） ☐路边休憩空间 ☐公共座椅
☐健身空间 ☐滨水空间 ☐公交车换乘空间
☐绿化空间 ☐街区广场 ☐其他

10. 您选择的出行方式？
☐步行 ☐自行车 ☐电动车 ☐公交车 ☐出租车
☐私家车 ☐其他

11. 您觉得阻碍您参加社区活动的因素中最主要的一个是？（多选）
☐时间缺乏 ☐精力不够 ☐场所空间不足
☐交通工具局限 ☐经济能力限制 ☐活动场所距离远

☐出行过程道路拥挤　　☐活动场所营业时间限制
☐活动场所会员制限制　☐其他

第三部分：社区公共服务设施空间的空间感知调查表

对于您目前最经常去的社区公共服务设施空间活动场所，请根据您的真实看法和感受，在认可的选项上打"√"。

1. 您对社区步行、车行、治安等环境安全性的满意程度：
☐满意　☐比较满意　☐一般　☐不太满意　☐很不满意

2. 您对社区内夜间照明设施数量、布局的满意程度：
☐满意　☐比较满意　☐一般　☐不太满意　☐很不满意

3. 您对社区内活动人数的满意程度：
☐满意　☐比较满意　☐一般　☐不太满意　☐很不满意

4. 您对社区防晒、遮雨的顶棚数量的满意程度：
☐满意　☐比较满意　☐一般　☐不太满意　☐很不满意

5. 您对社区人行道宽度的满意程度：
☐满意　☐比较满意　☐一般　☐不太满意　☐很不满意

6. 您对社区内可供休息、聊天、赏景的小空间满意程度：
☐满意　☐比较满意　☐一般　☐不太满意　☐很不满意

7. 您对社区内休憩设施（座椅、凉亭等）的种类、数量、布局的满意程度：
☐满意　☐比较满意　☐一般　☐不太满意　☐很不满意

8. 您对社区空间的开敞性的满意程度：
☐满意　☐比较满意　☐一般　☐不太满意　☐很不满意

9. 您对社区的空间色彩舒适性、趣味性的满意程度：
☐满意　☐比较满意　☐一般　☐不太满意　☐很不满意

10. 您对社区嗅觉环境（气味）舒适度的满意程度：
☐满意　☐比较满意　☐一般　☐不太满意　☐很不满意

11. 您对社区听觉环境（噪声、音乐、广告声）舒适度的满意程度：
☐满意　☐比较满意　☐一般　☐不太满意　☐很不满意

12. 您对社区视觉环境（绿化、装饰、颜色）舒适度的满意程度：
☐满意　☐比较满意　☐一般　☐不太满意　☐很不满意

13. 您对社区空间活动便捷性的满意程度：
☐满意　☐比较满意　☐一般　☐不太满意　☐很不满意

14. 您对到达社区活动场所的时间成本(时长/花销)的满意程度：
□满意　□比较满意　□一般　□不太满意　□很不满意

15. 您对社区内的引导标识的满意程度(是否容易迷路)：
□满意　□比较满意　□一般　□不太满意　□很不满意

16. 您对社区内无障碍设施数量、布局的满意程度：
□满意　□比较满意　□一般　□不太满意　□很不满意

17. 您对社区内商业设施种类、数量、布局的满意程度：
□满意　□比较满意　□一般　□不太满意　□很不满意

18. 您对社区内健身设施种类、数量、布局的满意程度：
□满意　□比较满意　□一般　□不太满意　□很不满意

19. 您对社区内社区图书馆、棋牌室等文化设施数量、布局的满意程度：
□满意　□比较满意　□一般　□不太满意　□很不满意

20. 您对社区内健身、休憩、环卫等设施维护状况的满意程度：
□满意　□比较满意　□一般　□不太满意　□很不满意

21. 您对社区内卫生、绿化等维护状况的满意程度：
□满意　□比较满意　□一般　□不太满意　□很不满意

22. 您对社区中的空间历史文化特色的满意程度：
□满意　□比较满意　□一般　□不太满意　□很不满意

23. 您对社区内举办传统节庆、舞蹈比赛、茶话会等公共文化活动的满意程度：
□满意　□比较满意　□一般　□不太满意　□很不满意

24. 您对在社区内各种消费需求得到满足的满意程度：
□满意　□比较满意　□一般　□不太满意　□很不满意

25. 您对及时参加社区相关活动的满意程度：
□满意　□比较满意　□一般　□不太满意　□很不满意

26. 您对在社区内与他人沟通顺畅的满意程度：
□满意　□比较满意　□一般　□不太满意　□很不满意

27. 您对在社区内活动的居民所做的事情的满意度：
□满意　□比较满意　□一般　□不太满意　□很不满意

28. 您对社区内活动人群(年龄结构)的满意度：
□满意　□比较满意　□一般　□不太满意　□很不满意

29. 您觉得参与社区空间活动让您的人际社会关系更紧密：
☐同意　☐比较同意　☐一般　☐不太同意　☐很不同意

30. 您觉得在参与社区空间活动过程中能获得自我价值感：
☐同意　☐比较同意　☐一般　☐不太同意　☐很不同意

31. 您觉得在参与社区空间活动过程中能获得归属感：
☐同意　☐比较同意　☐一般　☐不太同意　☐很不同意

32. 您对街道自行车骑行空间便利度的满意程度：
☐满意　☐比较满意　☐一般　☐不太满意　☐很不满意

33. 您对街道公交车换乘便利度的满意程度：
☐满意　☐比较满意　☐一般　☐不太满意　☐很不满意

34. 您对街道小汽车停车便利度的满意程度：
☐满意　☐比较满意　☐一般　☐不太满意　☐很不满意

35. 您对社区整体公共服务设施空间使用是否满意：
☐满意　☐比较满意　☐一般　☐不太满意　☐很不满意

36. 与您活动前对公共服务空间的期望相比较，您对街区的评价是：
☐满意　☐比较满意　☐一般　☐不太满意　☐很不满意

37. 与您理想中的社区相比较，您对社区的评价是：
☐满意　☐比较满意　☐一般　☐不太满意　☐很不满意

第四部分：居民行为偏好特征调查

针对您目前经常去的社区公共服务设施空间活动场所，请根据您的真实看法和感受，在认可的选项上打"√"。

1. 我愿意参与到社区的艺术活动中：
☐愿意　☐比较愿意　☐一般　☐不太愿意　☐很不愿意

2. 我愿意花时间细心感受这里的景观风貌、人文气息：
☐愿意　☐比较愿意　☐一般　☐不太愿意　☐很不愿意

3. 我愿意花时间好好了解社区的建筑、居民生活：
☐愿意　☐比较愿意　☐一般　☐不太愿意　☐很不愿意

4. 我愿意参与这里的体验性活动：
☐愿意　☐比较愿意　☐一般　☐不太愿意　☐很不愿意

5. 这里的街巷、橱窗展品等很有特色，让人想驻足欣赏：
☐同意　☐比较同意　☐一般　☐不太同意　☐很不同意

6. 我愿意花时间与身边邻居交流生活日常：
□愿意 □比较愿意 □一般 □不太愿意 □很不愿意

7. 我愿意介绍我的亲戚朋友来社区活动：
□愿意 □比较愿意 □一般 □不太愿意 □很不愿意

8. 我很喜欢这个社区，愿意再来这里活动：
□愿意 □比较愿意 □一般 □不太愿意 □很不愿意

9. 我对社区内的活动场所整体感到满意：
□满意 □比较满意 □一般 □不太满意 □很不满意

调查问卷二：居民对社区公共服务设施空间的了解和需求评价

请根据您对社区公共服务设施空间的了解和需求评价，在所对应的选项上打"√"。

类别	感知评价				
空间视觉吸引力					
有可以防晒、遮雨的顶棚	满意	比较满意	一般	不太满意	很不满意
有充足的休憩设施，例如座椅、凉亭等	满意	比较满意	一般	不太满意	很不满意
对供休息、聊天、赏景的小空间很满意	满意	比较满意	一般	不太满意	很不满意
这里有丰富且独特的历史文化特色	满意	比较满意	一般	不太满意	很不满意
这里的空间色彩具有舒适性、趣味性	满意	比较满意	一般	不太满意	很不满意
空间可达过程感受					
到达这里步行是否舒适	满意	比较满意	一般	不太满意	很不满意
到达这里骑行是否便利	满意	比较满意	一般	不太满意	很不满意
到达这里道路是否顺畅	满意	比较满意	一般	不太满意	很不满意
到达这里路上环境的安全性	满意	比较满意	一般	不太满意	很不满意
空间氛围体会					
在空间活动过程中能获得归属感	同意	比较同意	一般	不太同意	很不同意
在空间活动让我人际社会关系更紧密	同意	比较同意	一般	不太同意	很不同意

续表

类别	感知评价				
我可以与他人沟通顺畅	满意	比较满意	一般	不太满意	很不满意
推荐行为					
我愿意花时间与身边邻居交流生活日常	愿意	比较愿意	一般	不太愿意	很不愿意
我对社区内的活动场所整体感到满意	满意	比较满意	一般	不太满意	很不满意
我愿意介绍我的亲戚朋友来社区活动	愿意	比较愿意	一般	不太愿意	很不愿意
我很喜欢这个社区，愿意再来这里活动	愿意	比较愿意	一般	不太愿意	很不愿意
参与行为					
我愿意花时间细心感受这里的景观风貌、人文气息	愿意	比较愿意	一般	不太愿意	很不愿意
这里的街巷、橱窗展品等很有特色，让人想驻足欣赏	同意	比较同意	一般	不太同意	很不同意
我愿意参与这里的体验性活动	愿意	比较愿意	一般	不太愿意	很不愿意
我愿意花时间好好了解社区的建筑、居民生活	愿意	比较愿意	一般	不太愿意	很不愿意

后记 / Postscript

本书是我在博士论文的基础上修改完成的。漫漫求学路，本书完成之日感叹很多。首先，谨以最诚挚的敬意感谢我的导师王东权教授，深深感谢您对我学术研究的严格要求、悉心指导、不断鞭策和鼓励，教会了我严谨求实的治学态度和解决问题的科学方法，引领我迈入科学的殿堂。其次，感谢我的导师常江教授，从选题立题、具体调研、结果分析直至本书撰写与修改，点滴中都凝结了您的心血与智慧！当我对本书写作感到迷茫时，是您给了我指导与支持，使我打开了思路、明确了方向。您不仅是良师更是益友，渊博的知识、创新的思维、坦诚率真的风范，这些都给我留下深刻的印记，使我终身受益。

在本书的写作过程中，得到了多方面的帮助。感谢徐州市规划设计院马静规划师，在我撰写收集资料时提供了极大的帮助与便利，为

后 记

本书的研究提供可靠的分析数据与宝贵的研究资料；感谢中国矿业大学建筑与城市规划研究所林祖锐教授与冯姗姗老师对本书的研究方法和思维范式等提出专业性的建议，让书稿更加严谨规范；感谢中国矿业大学茅献彪教授对写作思路的指点，让我学会以严密的逻辑去架构研究框架，教会我很多写作技巧；特别感谢课题组邓元媛副教授，是您带领我踏进这个原本陌生的研究领域，谢谢您对我耐心的指导和帮助。

感谢同师门博士生们，我们在小小的533办公室里讨论与思辨，畅所欲言，并肩作战；感谢牟星宇、孙然等博士，在专业背景相差较大的情况下仍帮助我认真地修正书稿；感谢于硕、卓轩等众多师弟师妹的帮助，使我的求学之路变得充实而又充满欢愉；感谢我的挚友冯雯婕、金楠、陈萧笛、高婷婷、张亮，在我需要你们的时候总是第一时间放下自己的工作无私地给予帮助；感谢我的家人，纪姐姐、蓓蓓姐、大姨、外婆等所有关怀我的亲人，你们在生活中为我分忧解难。

最后我要感谢挚爱的双亲，你们在背后的默默支持与鼓励是我前进的动力，正是你们无私的付出才使我更加有信心和毅力去完成学业。感谢你们给予我所有的包容与爱，如果没有你们，我无法想象自己将如何度过这段极具挑战性的学习生涯，祝福你们永远幸福安康！

写作过程中，有爱，有得，亦有憾。于我，过去，现在以及未来，心有猛虎，细嗅蔷薇。

徐艺文

2023年3月